Arthur Fontaine

Technologie für Bekleidungsberufe und konfektionierende Textilberufe

Grundstufe und Fachstufen

Arbeitsheft

1. Auflage

Bestellnummer 02321

Bildungsverlag EINS
westermann

Die in diesem Produkt gemachten Angaben zu Unternehmen (Namen, Internet- und E-Mail-Adressen, Handelsregistereintragungen, Bankverbindungen, Steuer-, Telefon- und Faxnummern und alle weiteren Angaben) sind i. d. R. fiktiv, d. h., sie stehen in keinem Zusammenhang mit einem real existierenden Unternehmen in der dargestellten oder einer ähnlichen Form. Dies gilt auch für alle Kunden, Lieferanten und sonstigen Geschäftspartner der Unternehmen wie z. B. Kreditinstitute, Versicherungsunternehmen und andere Dienstleistungsunternehmen. Ausschließlich zum Zwecke der Authentizität werden die Namen real existierender Unternehmen und z. B. im Fall von Kreditinstituten auch deren IBANs und BICs verwendet.

Die in diesem Werk aufgeführten Internetadressen sind auf dem Stand zum Zeitpunkt der Drucklegung. Die ständige Aktualität der Adressen kann vonseiten des Verlages nicht gewährleistet werden. Darüber hinaus übernimmt der Verlag keine Verantwortung für die Inhalte dieser Seiten.

service@bv-1.de
www.bildungsverlag1.de

Bildungsverlag EINS GmbH
Ettore-Bugatti-Straße 6-14, 51149 Köln

ISBN 978-3-427-**02321**-0

westermann GRUPPE

Inhaltsverzeichnis

1.1 Einführung in den Textilbereich

Name:	
Klasse:	Datum:

1. Inwiefern ist der Begriff „Textilien“ eine Sammelbezeichnung?

____

____

____

____

____

____

2. a) Geben Sie die drei **Grund**bedürfnisse des Menschen an:

   ____

   b) Was leitet sich aus diesen Angaben für die Kleidung (und Textilien allgemein) ab?

   ____

3. a) Was bezeichnet die folgende Begriffsreihe?

   Rohstoffgewinnung > Textilerzeugung > ______________ > (Bekleidungsherstellung u. a.) > Textilhandel > Verbrauch (Nutzen und Pflegen) > ______________ (Wiederverwendung)

   ____

   b) Notieren Sie in der obigen Begriffsreihe die fehlenden Bezeichnungen.

4. Ergänzen Sie den folgenden Text:

   Textilökologie befasst sich mit den ______________ von Textilien auf den ______________ und die ______________ Ihr grundsätzliches Ziel ist die ______________ weltweit.

5. Was bedeuten die folgenden Forderungen an Textilprodukte?

   a) Funktionstüchtigkeit: ______________________________

   b) Ökonomische Herstellung: ______________________________

   c) Ökologische Herstellung und Eigenschaften: ______________________________

   ____

1.1 Einführung in den Textilbereich

Name:	
Klasse:	Datum:

6. Notieren Sie drei Bereiche, in denen die Textilverarbeitung ökologische Erfordernisse berücksichtigen kann:

   (1) ______________________________

   (2) ______________________________

   (3) ______________________________

7. Die Textil-Ökologie gliedert sich in die im Folgenden genannten Bereiche. Geben Sie jeweils an, womit sich die Bereiche befassen:

   Humanökologie: ______________________________

   ____

   Produktionsökologie: ______________________________

   Entsorgungsökologie: ______________________________

   ____

8. Inwiefern ist das Bild vom „Kreislauf der Materialien" auch für die Textil-Ökologie zutreffend?

   ____

   ____

9. Mit welchem Begriff bezeichnet man das Bemühen, ökologische Ziele (z. B. den Kreislauf der textilen Materialien) möglichst wirkungsvoll und dauerhaft zu erreichen und zu sichern?

   ____

10. Notieren Sie zwei Beispiele dafür, dass ökologisches Bewusstsein im Bereich Textil auch gesellschaftlich-soziale Bedeutung hat:

    (1) ______________________________

    (2) ______________________________

2.1 Allgemeine Fasereigenschaften

Name:

Klasse: Datum:

1. Ergänzen Sie: Mit Textilfasern bezeichnet man die ____________________ Rohstoffe der ________ ________________. Um für textile Zwecke verwendbar zu sein, müssen diese Rohstoffe bestimmte ________________ wenigstens in einem Mindestmaß besitzen. Solche Eigenschaften sind z. B. ____________________, ____________________, ____________________, ____________________, ____________________, ____________________

   Jeder Faserstoff hat __________ Eigenschaften. Welches Fasermaterial für welchen ________ ______________ benutzt wird, hängt also von seinen speziellen ____________________ ab.

2. 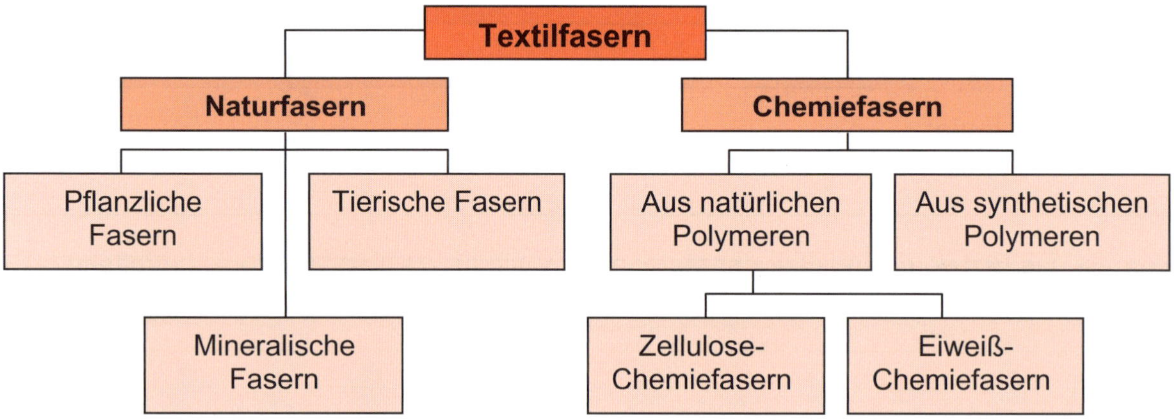

   Die Übersicht deutet an, wieso heute zu praktisch allen Verwendungszwecken gut geeignete Textilrohstoffe zur Verfügung stehen. Geben Sie die Ursache hierfür an.

   ____

3. In den beiden folgenden Beispielen sind zwei Faserarten mit ihrer chemischen Formel dargestellt:

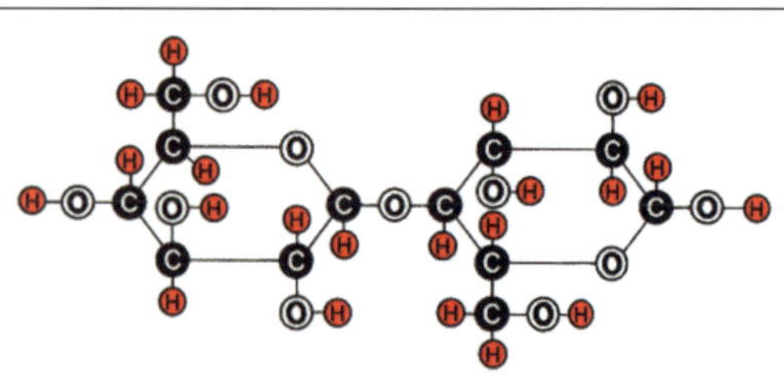

Baumwolle

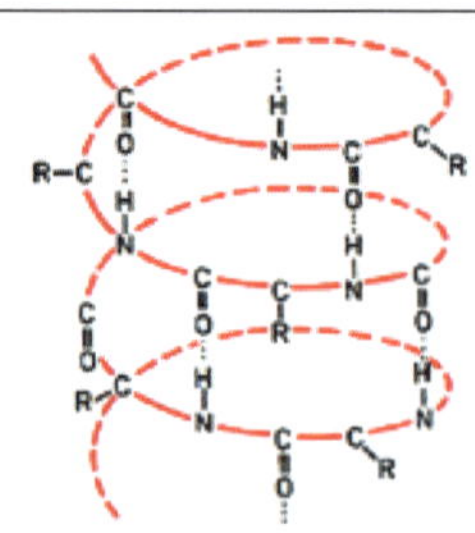

Wolle

C = Kohlenstoff
O = Sauerstoff
H = Wasserstoff
N = Stickstoff
R = Restmolekülgruppe

Die Beispiele machen deutlich, dass die Unterschiede zwischen den Fasern letztlich
- durch **unterschiedliche chemische Zusammensetzung**
- und **unterschiedlichen stofflichen Aufbau** entstehen.

Worin unterscheiden sich die Moleküle der beiden Faserarten voneinander?

a) ____

____

b) ____

____

2.1 Allgemeine Fasereigenschaften

Name:	
Klasse:	Datum:

4. Das nebenstehende Schema zeigt den molekularen Grundaufbau aller Textilfasern:

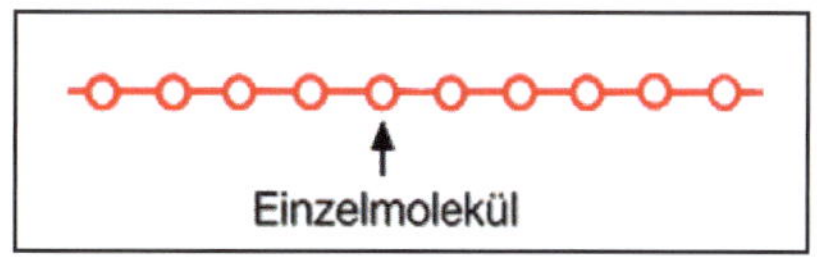

a) Wie nennt man diese Molekülstruktur? ______________________________

b) Aufgrund welchen Merkmals heißt diese Molekülstruktur so?

____

c) Welche grundlegende Eigenschaft der Faserrohstoffe ergibt sich aus dieser Molekülstruktur?

____

d) Die Einzelmoleküle heißen: ______________. Ihr Zusammenschluss heißt: ______________.

5. Geben Sie an, was die folgenden Fachbegriffe im Zusammenhang mit Faserrohstoffen bedeuten:

Fachbegriff	Bedeutung
Stapel	
Stapelfaser (mit Beispielen)	
Filament (mit Beispielen)	
Feinheit	
Zugfestigkeit	
Dehnbarkeit	
Elastizität	

6. Unter **Höchstzugkraft** versteht man den Kraftbetrag, der zum Zerreißen einer Faser erforderlich ist. Der Kraftbetrag wird in der Krafteinheit Newton (N) oder Zentinewton (cN) angegeben. Die Höchstzugkraft ist von Faser zu Faser verschieden.

a) Von welchen beiden Faktoren hängt sie im konkreten Fall ab?

____

b) Was besagt: Die Baumwolle hat eine mittlere Höchstzugkraft von 25 cN/tex?

____

2.1 Allgemeine Fasereigenschaften

Name:	
Klasse:	Datum:

7. Wolle hat eine **Bruchdehnung** trocken bis zu 30 %.
   a) Was bedeutet diese Angabe?

   ___

   ___

   b) Veranschaulichen Sie dies, indem Sie die folgende Schemazeichnung vervollständigen (durch maßstäbliches Zeichnen des maximal gedehnten Zustandes):

8. Eine Faser von 80 mm Länge wird auf maximal 92 mm gedehnt. Von der Dehnung formen sich nach Entlastung vom Dehnungszug 8 mm aufgrund der Elastizität des Materials selbsttätig wieder zurück. (Die folgende Schemazeichnung veranschaulicht diese Verhältnisse.)

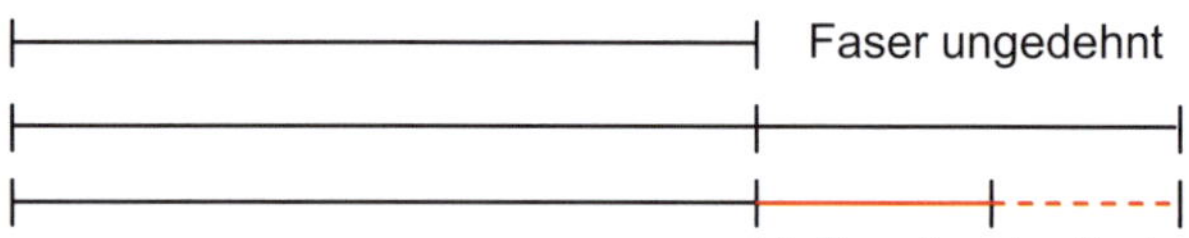

   a) Die elastische Dehnung beträgt: ___ mm, ___ %.

   b) Die bleibende Dehnung beträgt: ___ mm, ___ %.

   c) Wie lang ist die Faser danach? ___

9. Welcher Zusammenhang besteht zwischen der **Elastizität** eines Fasermaterials und seinem **Knitterwiderstand** bzw. seiner Fähigkeit zur Knittererholung?

   ___

   ___

10. a) Für welche Eigenschaft von Textilien ist hauptsächlich der Gehalt an ruhender Luft verantwortlich?

   ___

   b) Wieso ist dies der Fall?

   ___

   ___

   c) Wo befindet sich die Luft in der Textilie?

   ___

2.1 Allgemeine Fasereigenschaften

Name:	
Klasse:	Datum:

d) Welche Merkmale des Fasermaterials begünstigen die Bildung von Luftporen (fördern also ihr Wärmehaltevermögen durch ein hohes Porenvolumen)?

■ ______________________ ■ ______________________

11. Eine weitere wichtige Eigenschaft der Textilien, die hauptsächlich durch das Fasermaterial bestimmt wird, ist ihr (unterschiedliches) **Verhalten gegenüber Feuchtigkeit**.

a) Das folgende Schaubild zeigt auf, welche Fälle dabei zu unterscheiden sind. Ergänzen Sie das Schaubild durch Einschreiben der fehlenden Begriffe.

Fasermaterial

Feuchtigkeitsaufnahme *ins Faserinnere* = ______		Einwirkung von Wasser *auf die Faseroberfläche* = ______	
Aufnahme von *Wasserdampf* = ______	Aufnahme von *flüssigem Wasser* = ______	*Anlagerung und Verteilung von Wasser auf der Faseroberfläche* = ______	*Abstoßen des Wassers durch die Faseroberfläche* = ______

b) Die folgenden Schemazeichnungen veranschaulichen vier mögliche Fälle des Verhaltens von Textilfasern bei Feuchtigkeitseinwirkung.

Notieren Sie die vier zugehörigen Eigenschaften
- hygroskopisch,
- saugfähig,
- hydrophil,
- hydrophob

richtig unter die Abbildungen.

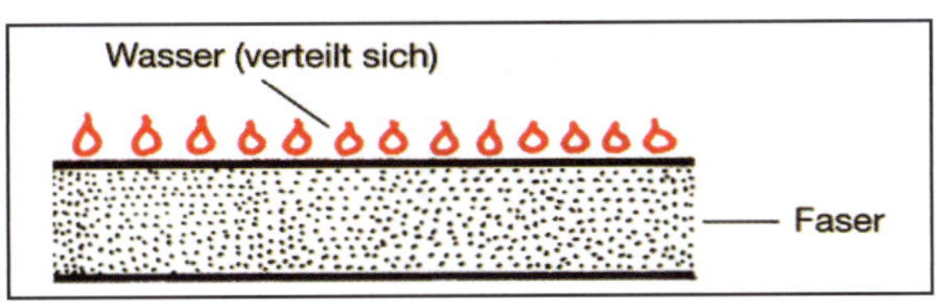

____

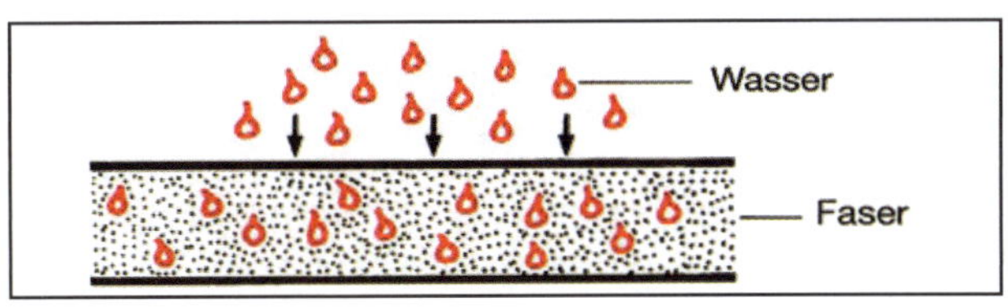

____

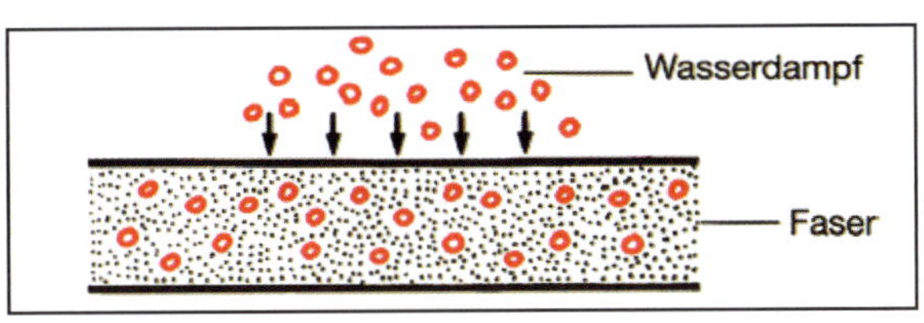

____

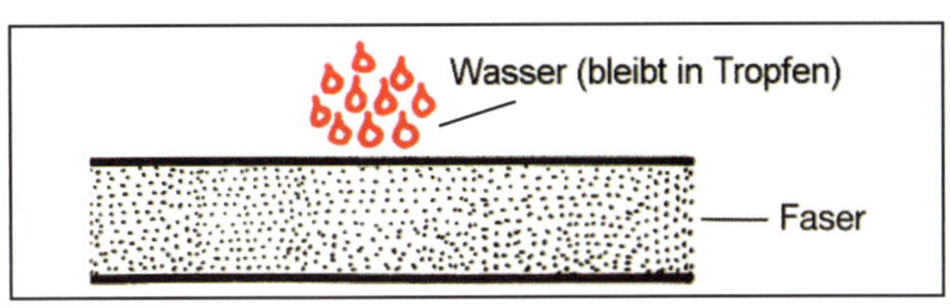

____

2.2 Natürliche Zellulosefasern

Name:

Klasse: Datum:

1. Wieso ist die Natursubstanz Zellulose als Textilfaser-Rohstoff geeignet? Kreuzen Sie die richtige Antwort an.

   ☐ Weil sie in nachwachsenden Rohstoffen vorhanden ist
   ☐ Weil sie als polymere Substanz Kettenmolekülstruktur besitzt
   ☐ Weil sie aus der Natur gewonnen wird
   ☐ Weil sie feine Fasern ergibt

2. Kreuzen Sie diejenigen Fasern an, die *keine* natürlichen Zellulosefasern sind:

   ☐ Hanf ☐ Seide ☐ Viskose ☐ Baumwolle ☐ Flachs ☐ Polyester ☐ Angora
   ☐ Nessel ☐ Acetat ☐ Jute ☐ Sisal ☐ Lyocell ☐ Kapok ☐ Elastan
   ☐ Ramie

3. Die natürlichen Zellulosefasern enthalten außer Zellulose Begleitstoffe in geringe Mengen, wie dies für Baumwolle hier angegeben ist. Ergänzen Sie die Tabelle.

Zusammensetzung von 200 g Baumwolle:

Substanz	Gewicht in g	Anteil in %
____________	188	94
Eiweiß, Fette, Wachse	3,8	________
Pektin	2,4	________
Sonstige	5,8	________

4. Die Substanz der natürlichen Zellulosefasern enthält zwei Bereiche:
   - **geordnete (kristalline) Faserbereiche**, in denen die Molekülketten etwa parallel gebündelt sind, und
   - **ungeordnete (amorphe) Faserbereiche**, in denen die Molekülketten wirr liegen und Hohlräume zwischen sich bilden.

   a) Die nebenstehende Schemazeichnung stellt diese Situation dar. Beschriften Sie die Zeichnung.

   b) Für geordnete Faserbereiche ist folgender Aufbau, den man **Fibrillenaufbau** nennt, charakteristisch. Beschriften Sie die Zeichnung.

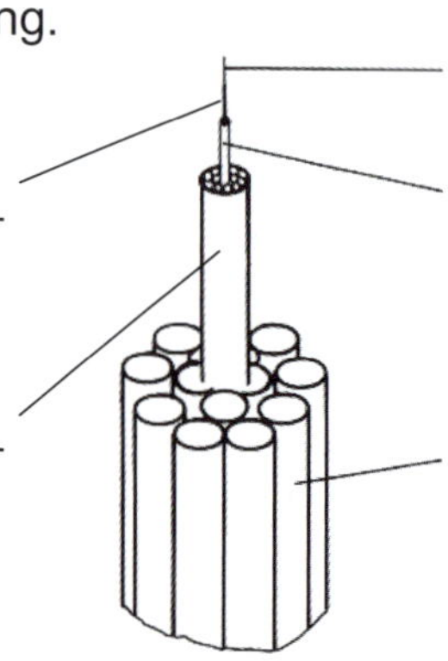

2.2 Natürliche Zellulosefasern

Name:	
Klasse:	Datum:

c) Welche Bedeutung haben die kristallinen Faserbereiche?

____

____

d) Welche Bedeutung haben die amorphen Faserbereiche?

____

____

____

____

5. Welche beiden wichtigen ökologischen (umweltfreundlichen) Gründe sprechen für die natürlichen Zellulosefasern?

   a) ____

   b) ____

6. Geben Sie natürliche Zellulosefasern aus folgenden Gruppen an:

Fasergruppen	**Faserbeispiele**
Bast- oder Stängelfasern	______________________
Pflanzenhaare	______________________
Hartfasern	______________________

7. Notieren Sie zwölf Fasereigenschaften der natürlichen Zellulosefasern Baumwolle und Flachs, die bei beiden Faserarten etwa gleich sind.

____________	____________	____________
____________	____________	____________
____________	____________	____________
____________	____________	____________

8. Weshalb haben natürliche Zellulosefasern viele übereinstimmende Eigenschaften? Kreuzen Sie die richtige Antwort an.

   ☐ Weil sie alle aus dem Polymer Zellulose bestehen
   ☐ Weil sie alle Kettenmolekülstruktur haben
   ☐ Weil sie kristalline Faserbereiche aufweisen
   ☐ Weil sie amorphe Faserbereiche aufweisen

2.2 Natürliche Zellulosefasern

Name:	
Klasse:	Datum:

9. Vergleichen Sie Baumwolle und Flachs hinsichtlich folgender Eigenschaften miteinander (tragen Sie die Eigenschaften in die Tabelle ein).

Eigenschaft	Baumwolle	Flachs (technische Faser)
Stapel		
Farbe		
Griff		
Glanz		
Feinheit		

10. Die folgenden Abbildungen zeigen Faserpflanzen. Notieren Sie unter den Bildern, um welche Pflanzen es sich handelt.

Foto: Fotolia © Ichbins11

Foto: Arthur Fontaine

Foto: picture alliance/Arco Images GmbH

Foto: Fotolia © eme

11. Fertigen Sie ein Referat zum Thema „Geschichte des Leinens" an. Hierzu: www.gesamtverband-leinen.de > *Leinen und Flachs > Geschichte und Kultur*

2.3 Natürliche Eiweißfasern

Name:	
Klasse:	Datum:

1. Welche Fasern sind natürliche Eiweißfasern? Kreuzen Sie die richtige Antwort an.

☐ Alle mineralischen Fasern
☐ Alle pflanzlichen Fasern
☐ Alle Naturfasern
☐ Alle tierischen Fasern

2. Weshalb ist die natürliche Substanz Eiweiß (Protein) als Fasersubstanz geeignet?

____

____

3 Keratin heißt die Eiweißsubstanz der ____________________.

Fibroin heißt die Eiweißsubstanz der ____________________.

4. Eiweiß besitzt, wie Zellulose, einen sogenannten **Fibrillenaufbau**.
   a) Was bedeutet das?

   ____

   b) Beschriften Sie die nebenstehende Zeichnung, die den Fibrillenaufbau der Wolle veranschaulicht.

   c) In den natürlichen Eiweißfasern sind mehr amorphe (ungeordnete) Faserbereiche vorhanden als in den natürlichen Zellulosefasern. Welche Folgen hat das im Vergleich der beiden Fasergruppen?

   ____

   ____

   ____

   ____

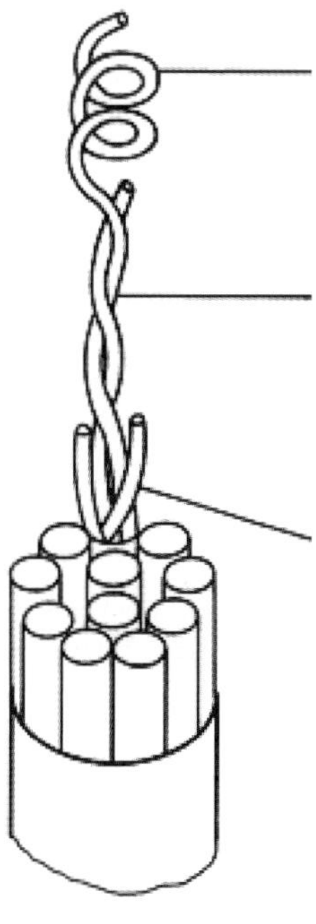

5. Im Folgenden sind Merkmale und Eigenschaften von Wolle und Maulbeerseide genannt. Schreiben Sie die Eigenschaften richtig in die Tabelle ein.

Filament-Faser, feinste Naturfaser, matter bis starker Glanz, Stapel-Faser, weich bis derb im Griff, weiße bis leicht gelbliche Farbe, glatter bis gewellter Längsverlauf, Feinheit von fein bis grob, glatter Längsverlauf, edler Glanz, weicher Griff, gute Zugfestigkeit, sehr gute Zugfestigkeit, weiße bis schwarze Farbe, nicht dauerhaft formbar, saugfähig, Mottenfraß möglich, hydrophob (nicht saugfähig) filzbar, lichtempfindlich

2.3 Natürliche Eiweißfasern

Name:	
Klasse:	Datum:

Merkmale, Eigenschaften	
Wolle	**Seide (Haspelseide)**

6. Folgende Eigenschaften sind bei Wollen und Seiden weitgehend gleich vorhanden. Beurteilen Sie die genannten Eigenschaften.

Eigenschaften	Beurteilung
Dehnbarkeit	
Elastizität	
Hitzeverträglichkeit	
Waschverhalten	

7. Die beiden folgenden Abbildungen zeigen mikroskopische Längsansichten von Wolle und Seide.

   a) Notieren Sie die Faserbezeichnungen richtig unter die Bilder.

   b) Beschreiben Sie die in den mikroskopischen Bildern erkennbare Oberflächenstruktur.

2.3 Natürliche Eiweißfasern

Name:

Klasse: | Datum:

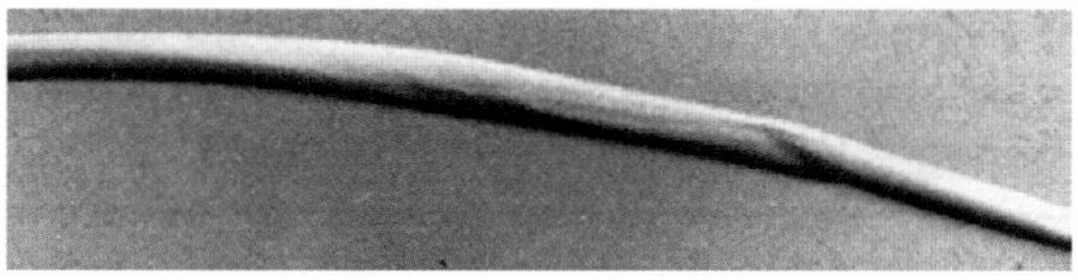

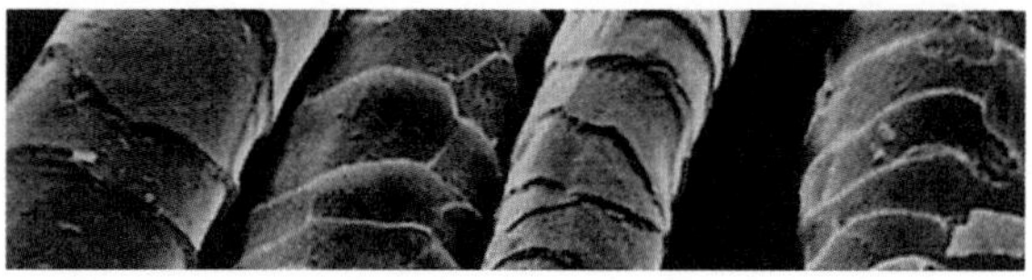

_______________________________ _______________________________

Oberflächenstruktur:

____

____

Oberflächenstruktur:

____

____

8. Ermitteln Sie unter www.ivc-ev.de > *Branchendaten* > *Produktion:*

   a) Die Gesamterzeugung an Textilfasern im aktuellen Jahr: _______________

   b) Die Wollerzeugung im aktuellen Jahr: _______________

   c) Errechnen Sie den prozentualen Anteil der Wollerzeugung an der Gesamterzeugung: _______________

   ____

2.4 Zellulose-Chemiefasern

Name:	
Klasse:	Datum:

1. Ergänzen Sie:

Die Zellulose-Chemiefasern sind, wie alle Chemiefasern, auf ______________________ Weg erzeugte Fasern. Für die Zellulose-Chemiefasern geht man von der natürlichen polymeren Substanz ____________________ aus, die in allen __________________ vorkommt, wenn auch nicht bereits in __________________. Einen besonders hohen Gehalt an __________________ hat z. B. das __________ (20 % bis 60 %). Die Zellulose wird aus den Pflanzen ______________ und dann in geeigneter Weise in __________________ gebracht. Ein weiterer Rohstofflieferant sind ______________________-Linters.

2. Wie heißt die Zellulose, die aus Pflanzen herausgelöst wird?

____

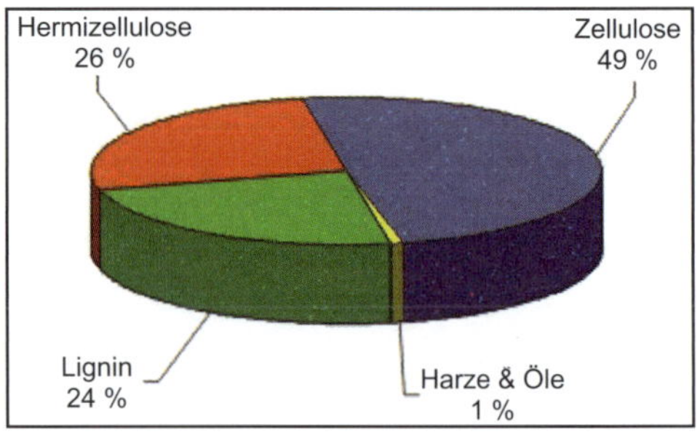

Bestandteile von Buchenholz (nach Lenzing)

3. Weshalb ist Holz als Zelluloselieferant für Zellulose-Chemie-Fasern besonders geeignet?

- ____
- ____
- ____

  ____

Zelluloselieferant Holz (Foto Fotolia © tinadefortunata)

4. Es ist ein ökologischer Vorteil, dass Zellulose aus nachwachsenden Rohstoffen, wie dem Holz, gewonnen werden kann. Dem steht aber auch ein Nachteil in ökologischer Sicht gegenüber. Welcher?

____

____

5. Welche der im Folgenden genannten Fasern sind Zellulose-Chemiefasern? Notieren Sie diese.

Kohlenstoff-Fasern	**Cupro**	**Kaschmir**
Triacetat	**Polyacryl**	**Lyocell**
Polypropylen	**Viskose**	**Kapok**
Modal	**Elastan**	**Acetat**

____

____

____

____

2.4 Zellulose-Chemiefasern

Name:	
Klasse:	Datum:

6. Das folgende Schema verdeutlicht das Herstellungsverfahren für Zellulose-Chemiefasern, das im Übrigen prinzipiell für alle Chemiefasern gilt.

   a) Schreiben Sie die zugehörigen Begriffe in die Kästchen der Zeichnung
   „Erstarren", „Verflüssigen", „Spinndüse", „Erspinnen"
   richtig ein:

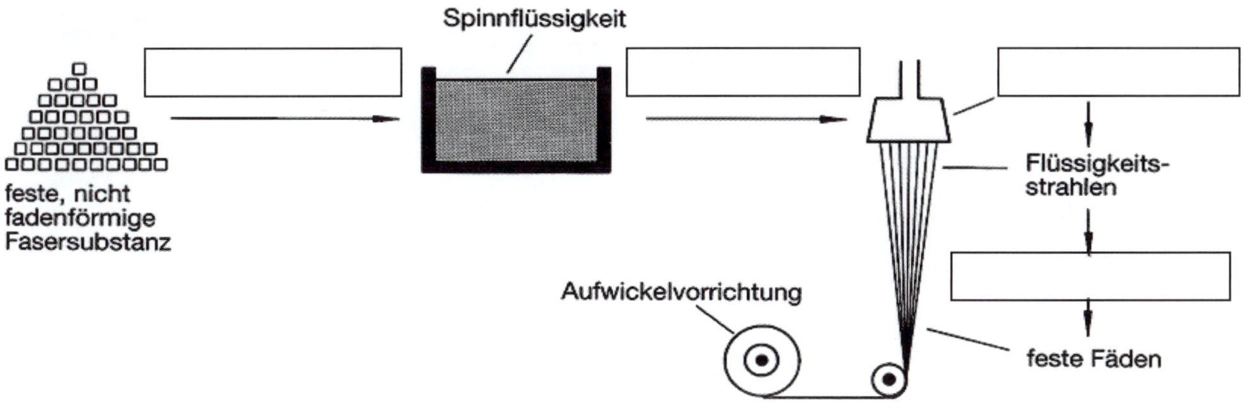

Chemiefaserherstellung (schematisch)

   b) Ergänzen Sie:

   Zur Faserherstellung wird der in fester Form vorliegende Zellstoff mit geeigneten Chemikalien ____________________. Die so entstandene Spinnmasse wird durch eine brausekopfähnliche ________________ gepresst und so zu ___________________________ geformt. Diese werden durch bestimmte Verfahren zum ___________________ gebracht und die _______ ____________sind gebildet.

7. Das so beschriebene Herstellungs*prinzip* findet in verschiedenen Herstellungsverfahren für Zellulose-Chemiefasern Anwendung. Notieren Sie Faserbeispiele zu den genannten Verfahren.

Herstellungsverfahren	**Faserbeispiele**
Viskose-Verfahren	
Kupferoxidammoniak-Verfahren	
Acetat-Verfahren	
Direktlöse-Verfahren	

2.4 Zellulose-Chemiefasern

Name:

Klasse: Datum:

8. Bei den verschiedenen Methoden zur Herstellung der Zellulose-Chemiefasern spielt neben der Verwendung unterschiedlicher Lösungs-Chemikalien auch das **Spinnverfahren** eine Rolle.

a) Wie heißt das beim Viskose- und *Kupferoxidammoniak-Verfahren* angewandte Spinnverfahren, von dem die nebenstehende Abbildung einen Eindruck gibt?

____

b Ergänzen Sie:

Die Spinndüse befindet sich bei diesem Spinnverfahren in einem ______________, das Chemikalien enthält, die den Strahlen der Rohstofflösung das ______________ entziehen. Dadurch erstarren die Strahlen zu ______________.

c) Ergänzen Sie die Beschriftung der unten stehenden Zeichnung, die das beschriebene Spinnverfahren schematisch darstellt.

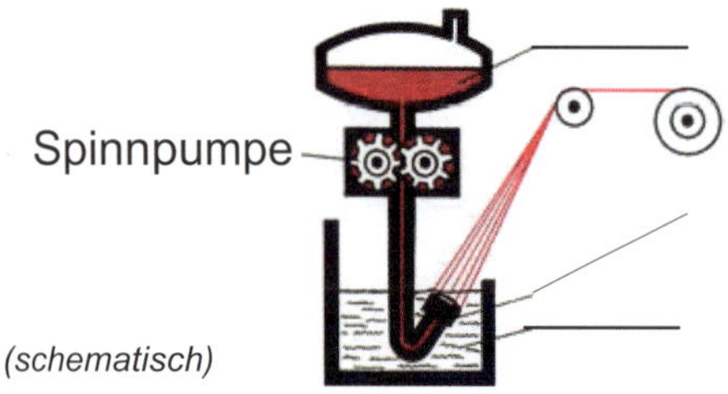

Nasspinnverfahren (schematisch)

9. Beim Acetat-Verfahren wird ein anderes Spinnverfahren angewendet, das durch die nebenstehende Abbildung gezeigt wird.

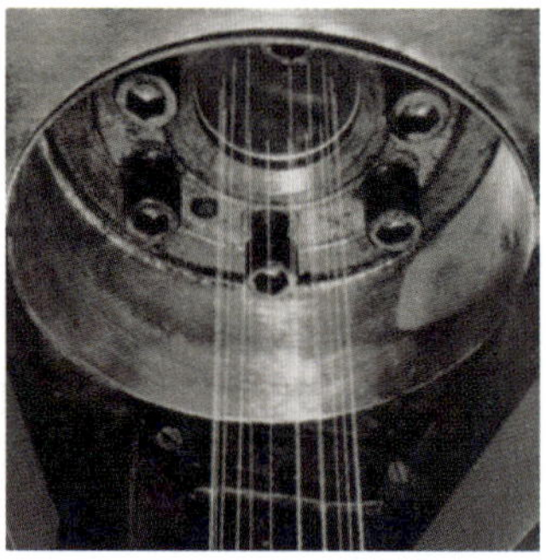

a) Wie heißt es?

____

b) Ergänzen Sie:
Die Spinndüse befindet sich beim ______________ in einem ______________, der von warmer ________ durchzogen wird. Sie lässt das Lösungsmittel in den Strahlen der Rohstofflösung ______________. Dadurch erstarren die Strahlen zu ______________.

c) Ergänzen Sie die Beschriftung der unten stehenden Zeichnung, die das beschriebene Spinnverfahren schematisch darstellt.

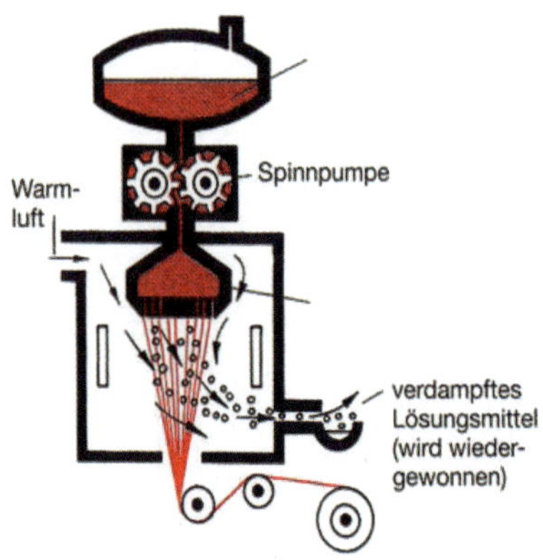

Trockenspinnverfahren (schematisch)

2.4 Zellulose-Chemiefasern

Name:	
Klasse:	Datum:

10. Ergänzen Sie:

Beim Direktlöse-Verfahren ist ____________ Vorbehandlung des ________________ erforderlich.

Der Rohstoff wird mit einem Lösungsmittel ____________ verflüssigt und nach einem abgewandelten ____________-Spinnverfahren ersponnen.

11. Eine wichtige Nachbehandlung der erzeugten Zellulose-Chemiefasern ist das Verstrecken der Fasern um das Drei- bis Sechsfache.

a) Welche drei Ziele hat das Verstrecken?

- ______________________________
  ____
- ______________________________
  ____
- ______________________________
  ____

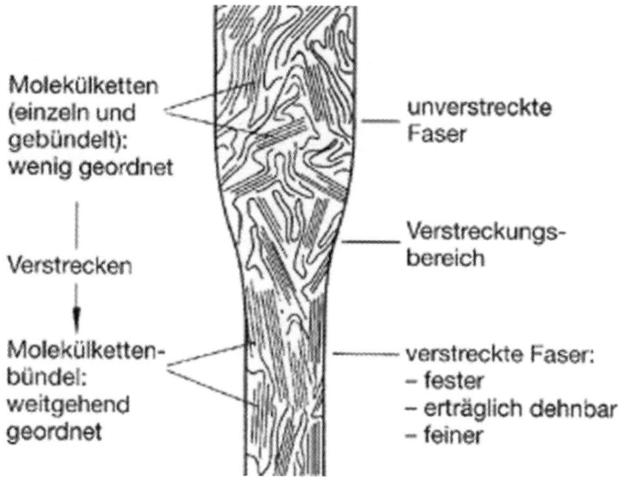

Verstrecken der Zellulose-Chemiefasern

b) Welches der genannten Ziele wird dadurch erreicht, dass sich die Packungsdichte und Parallellage der Molekülketten und -kettenbündel durch das Verstrecken vergrößert? (Beachten Sie die obige Schemazeichnung.)

____

____

c) Welches der genannten Ziele wird dadurch erreicht, dass die wirre Lage der Molekülketten beseitigt oder verringert wird?

____

____

12. Durch **Modifikation** (d. h. Abwandeln) der Chemiefaser-Grundtypen entstehen die **modifizierten Chemiefasern oder Funktionsfasern**.

a) Welche Ziele können mit Faser-Modifikation angestrebt werden?

- ______________________________
- ______________________________
- ______________________________

2.4 Zellulose-Chemiefasern

Name:	
Klasse:	Datum:

b) Ergänzen Sie:

Während die Eigenschaften der Naturfasern vorgegeben sind und (bisher) wenig ____________ sind, lassen sich die Eigenschaften der Chemiefasern (in gewissen Grenzen) ____________. Deshalb spricht man bei den Chemiefasern auch von „Fasern nach ____________.

c) Notieren Sie modifizierte Zellulose-Chemiefasern:

____________________ ____________________

____________________ ____________________

13. Wie ist die Zugfestigkeit im Vergleich zur Baumwolle zu beurteilen

a) bei Viskose und Acetat/Triacetat?

____

b) bei Modal und Lyocell?

____

14. Vergleichen Sie die Dehnbarkeit zellulosischer Chemiefasern mit der natürlicher Zellulosefasern.

____

____

15. Welche Zellulose-Chemiefasern sind elastisch?

____

16. Ermitteln Sie unter www.ivc-ev.de > *Wissenswertes über Chemiefasern > Grundlagen der Chemiefasern > Kapitel „Herstellung von Spinnfasern“* Informationen zu folgenden Fragen:

a) Wie werden Chemie-Spinnfasern hergestellt?

____

____

____

b) Zu welchen Zwecken gewinnt man Chemie-Spinnfasern?

____

____

____

2.5 Synthesefasern

Name:	
Klasse:	Datum:

1.

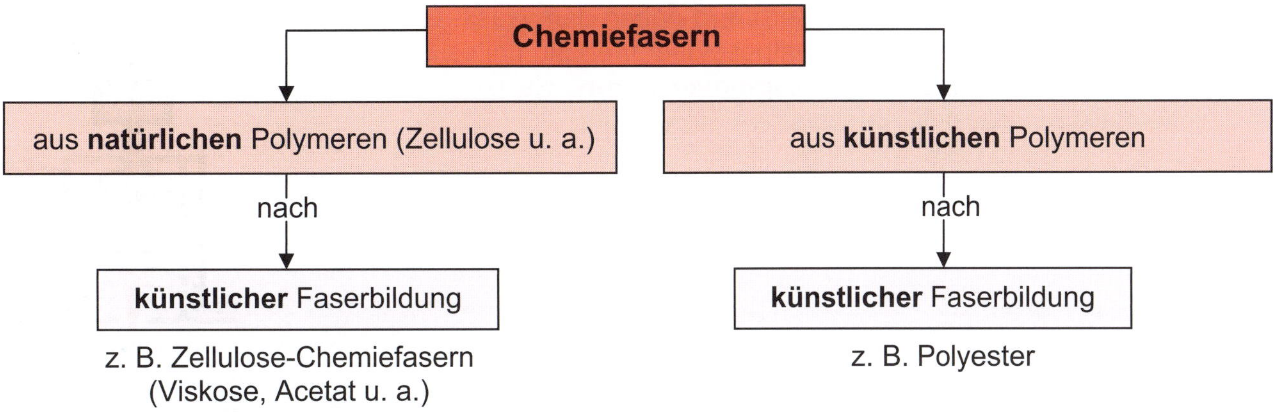

Das obige Schaubild zeigt den grundlegenden Unterschied zwischen den beiden Arten von Chemiefasern auf. Erklären Sie diesen Unterschied.

____

____

____

____

2. Die folgende Schemazeichnung veranschaulicht das Entstehungsprinzip künstlicher Fasersubstanz:

a) Wie heißt der chemische Vorgang hierzu und dementsprechend die spätere Faserart?

____

b) Was geschieht bei diesem chemischen Vorgang?

____

____

____

c) Die monomeren Ausgangsstoffe sind Naturstoffe. Aus welchen Naturprodukten werden sie gewonnen?

____

d) Wie kommt man zu verschiedenen Fasersubstanzen mit unterschiedlichen Eigenschaften?

____

e) In welcher Form liegt die erzeugte künstliche Fasersubstanz vor? Kreuzen Sie die richtige Antwort an.

☐ fest ☐ flüssig ☐ gasförmig

2.5 Synthesefasern

Name:	
Klasse:	Datum:

3. Zur Herstellung der Synthesefasern wird neben dem Nass- und Trockenspinnverfahren für bestimmte Synthesefaserarten ein drittes Spinnverfahren angewendet, das **Schmelzspinnverfahren**. Es ist nebenstehend schematisch dargestellt. Beschreiben Sie es kurz.

___

___

___

___

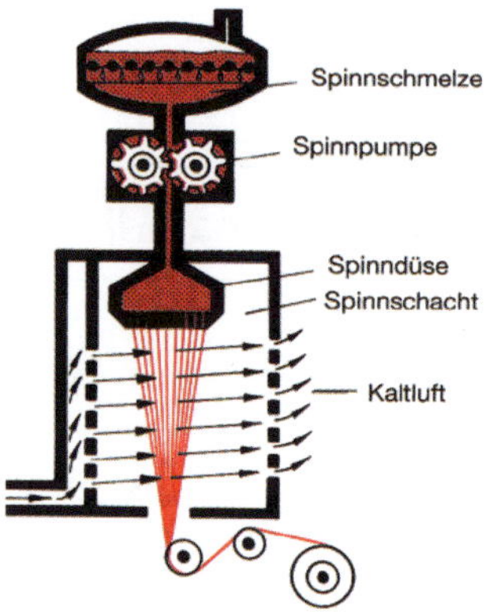

Schmelzspinnverfahren (Schema)

4. Neben dem Verstrecken als Nachbehandlung spielt eine Modifikationsmöglichkeit für Synthesefasern eine große Rolle, das **Texturieren**. Die beiden folgenden Abbildungen zeigen den Ausgangszustand und das Ergebnis der Texturierung:

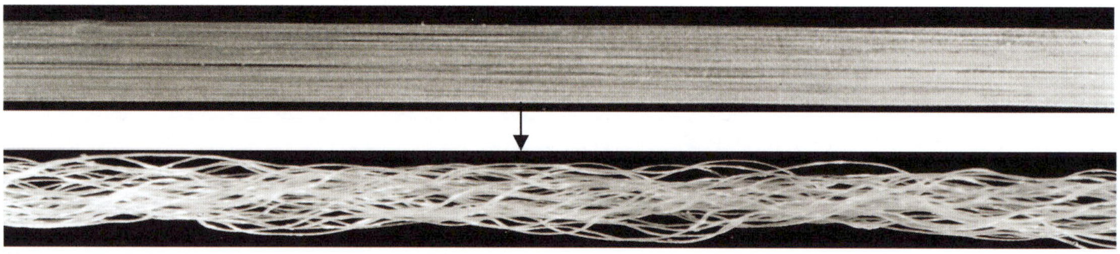
Oben: glattes multifiles Garn, unten: texturiertes multifiles Garn

a) Was geschieht beim Texturieren?

___

b) Welche Zwecke hat das Texturieren?

___ ___

___ ___

c) Welche Materialeigenschaften werden so gefördert?

- ___
- ___
- ___

___

___

5. Eine weitere wichtige Nachbehandlung von Synthesefasern ist das **Thermofixieren**.

a) Was geschieht dabei? ___

b) Was wird erreicht? ___

2.5 Synthesefasern

Name:	
Klasse:	Datum:

6. Die Synthesefasern unterscheiden sich in ihren Eigenschaften zum Teil erheblich von den Chemiefasern aus natürlichen Substanzen (z. B. den Zellulose-Chemiefasern).

a) Wie ist dies zu erklären?

____

____

____

b) Wie lässt sich die Feinheit der Synthesefasern bei der Erzeugung steuern?

____

____

c) Beurteilen Sie folgende Eigenschaften von Synthesefasern:

Eigenschaft	Beurteilung
Zugfestigkeit	
Dehnbarkeit/Elastizität	
Hitzeverträglichkeit	

d) Synthesefaser-Textilien sind **pflegeleicht**. Was bedeutet das?

- ______________________________
- ______________________________

e) Synthesefasern laden sich **elektrostatisch** auf.

– Was bedeutet das?

____

– Wie wirkt sich dies aus?

____

– Welche Zellulose-Chemiefasern verhalten sich ebenfalls elektrostatisch?

____

f) Was bedeutet es, dass Synthesefasern (auch die Zellulose-Chemiefasern Acetat und Triacetat) thermoplastisch sind?

____

2.5 Synthesefasern

Name:	
Klasse:	Datum:

7. a) Was versteht man unter Mikrofasern?

____

____

____

b) Wozu werden Mikrofasern verwendet?

____

____

____

c) Welche besonderen Eigenschaften hat modische Bekleidung aus Mikrofasern?

____

____

8. Nennen Sie weitere sechs Spezial-Synthesefasern.

a) ______________________________

b) ______________________________

c) ______________________________

d) ______________________________

e) ______________________________

f) ______________________________

3.1 Garne

Name:	
Klasse:	Datum:

1. Die Textilfasern sind in der Regel einzeln zu fein, zu schwach und als Stapelfasern auch zu kurz, um sie *direkt* als textilen Faden verwenden zu können.
   Wie gelangt man dann aber zu brauchbaren textilen Fäden?

   ____

   ____

2. Wie heißt der Fachausdruck für einen textilen Faden aus Textilfasern?

   ____

3. In welcher Weise ein Faden aus Fasern aufgebaut wird, hängt wesentlich davon ab, ob man *endlos lange Filamente* oder *kurze Stapelfasern* zu einem Garn verarbeitet.

   a) Was ist zur Garnbildung aus Filamenten grundsätzlich „nur" zu tun?

   ____

   ____

   ____

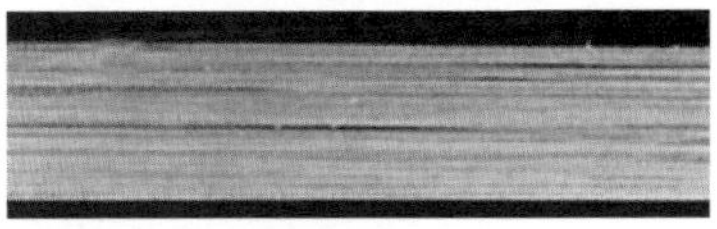

Garn aus Filamenten

   b) Wie heißen solche Garne? ______________________________

   c) Filamentfasergarne, die aus vielen einzelnen Filamenten bestehen, werden **Multifile** (fil = Faden, multi = viel) genannt. Was sind **Monofile**?

   ____

4. Auch die Stapelfasern werden zur Garnbildung in Vielzahl linienförmig und in der Dicke angeordnet. Dann aber ist noch eine weitere Maßnahme erforderlich, nämlich das *Zusammendrehen* der Faseranordnung.

   a) Warum ist dieses Zusammendrehen unerlässlich?

   ____

   ____

   b) Inwiefern sorgt das Zusammendrehen für die notwendige Garnfestigkeit a) in der Garnbreite und b) in der Garnlänge?

   a) ______________________________

   ____

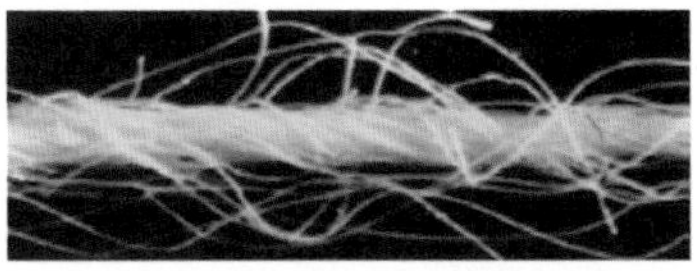

Garn aus Stapelfasern

   b) ______________________________

   ____

   ____

   ____

3.1 Garne

Name:

Klasse: Datum:

5. Wie heißt der gesamte Vorgang der Garnherstellung aus Stapelfasern? Wie heißen solche Garne?

6. Die Eigenschaften der Spinnfasergarne hängen vor allem ab von
   - der *Faserbeschaffenheit*,
   - der *Drehfestigkeit*,
   - der *Drehrichtung* und
   - dem *Spinnverfahren*.

   a) *Die Fasern sind lang und ungewellt*. Auswirkungen auf das Garn:

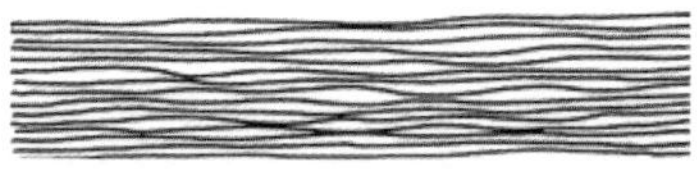

   b) Die *Fasern sind kurz und gewellt*. Auswirkungen auf das Garn:

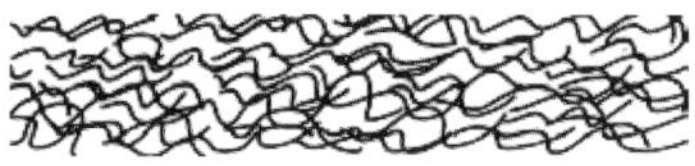

   c) *Die Fasern haben eine raue Oberfläche und sind gewellt*. Auswirkungen auf das Garn:

   d) *Die Spinndrehung ist fest*. Auswirkungen auf das Garn:

7. Welche Drehrichtungen haben die beiden abgebildeten Garne?

   a)

   b)

a)  b) 

8. *Das herkömmliche* Spinnverfahren verläuft über viele Stufen. Mit welchem Arbeitsgang schließt es ab?

9. Ein neueres Spinnverfahren ist das Open-End-Spinnen.

   a) In welcher Weise wird hier der Faden gebildet?

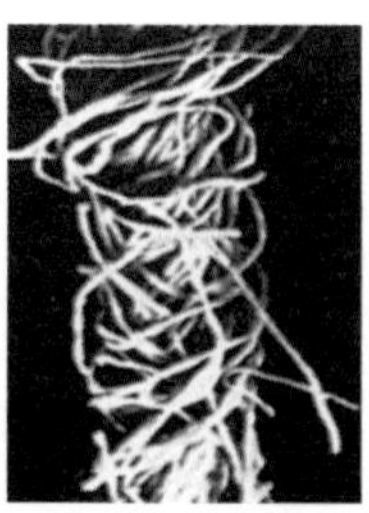

OE-Garn

3.1 Garne

Name:	
Klasse:	Datum:

b) Woran erkennt man ein OE-Garn (im Unterschied zu einem Ringgarn)?

10. Die Dicke textiler Fäden wird als **Feinheit** bezeichnet.

a) Wozu benötigt man die Feinheitsangabe bei textilen Fäden? (Nennen Sie mehrere Gründe.)

b) Weshalb ist der Durchmesser in der Regel **kein** geeignetes Verfahren zur Feinheitsangabe textiler Fäden?

11. Ein geeignetes Verfahren zur Feinheitsangabe für textile Fäden ist die **Nummerierung**.

a) Auf welchen beiden Größen (Zahlenangaben) beruht dieses Verfahren?

b) Wie kommt man mit diesen beiden Größen zu einer Feinheitsangabe? Geben Sie zwei Möglichkeiten an.

1.

2.

12. Das Ergebnis von Wiegen und Messen ist eine *Gewichts-* bzw. *Längenangabe*. In beiden Fällen spricht man von **Feinheitsnummer**.

Wie werden die beiden möglichen Feinheitsnummern entsprechend bezeichnet?

Bei Gewichtsangaben:

Bei Längenangaben:

3.1 Garne

Name:	
Klasse:	Datum:

13. Ein internationales System zur Feinheits-Nummerierung ist das **Tex-System**, eine Gewichtsnummer; die Einheit ist **tex**:

$$1 \text{ tex} = \frac{1}{1\,000} \frac{g}{m}$$

a) Was bedeutet diese Formel?

____

b) Was bedeutet: Ein Garn hat die Feinheit 20 tex?

____

c) Welches Garn ist feiner: 20 tex oder 30 tex? Wieso?

____

____

d) Formulieren Sie eine allgemeine Regel für den Zusammenhang zwischen Tex-Nummer und Garnfeinheit:

____

____

14. Außer der Einheit tex werden auch dezimale Teile und Vielfache dieser Einheit verwendet, z. B. **dezitex** (dtex; Zehntel-tex) mit der konstanten Fadenlänge 10 000 m.

a) Was bedeutet 120 dtex?

____

b) Welche Dtex-Nummer hat ein Garn, von dem 10 000 m 150 g wiegen, und ein anderes, bei dem 1 000 m 25 g wiegen?

______________________ ______________________

3.2 Zwirne

Name:	
Klasse:	Datum:

1. Während textile Gare linienförmige Gebilde aus Textil*fasern* sind, sind **Zwirne** linienförmige textile Gebilde, die aus ______________ zusammengedreht sind. (Setzen Sie den fehlenden Begriff ein.)

Garn

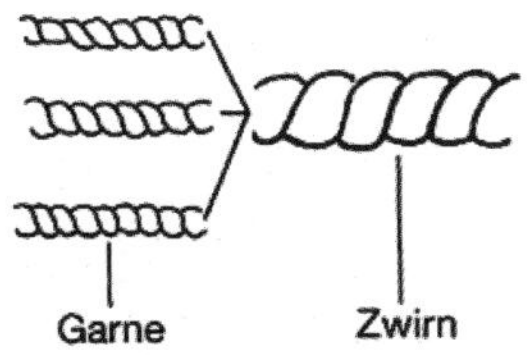

2. Nach der Zahl der miteinander verzwirnten Fäden spricht man von 2-fach-, 3-fach-Zwirn usw. Diese Angabe ist die **Fachzahl**.

   Welche Fachzahl haben die schematisch dargestellten Zwirne?

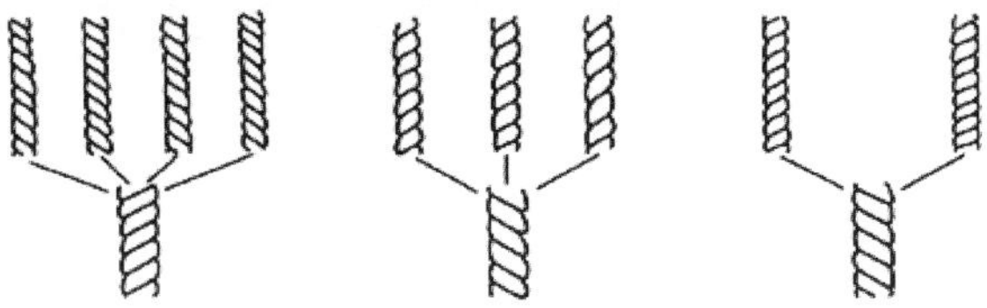

__________ __________ __________

3. a) Wodurch unterscheiden sich die beiden nebenstehend skizzierten Zwirne?

____

____

____

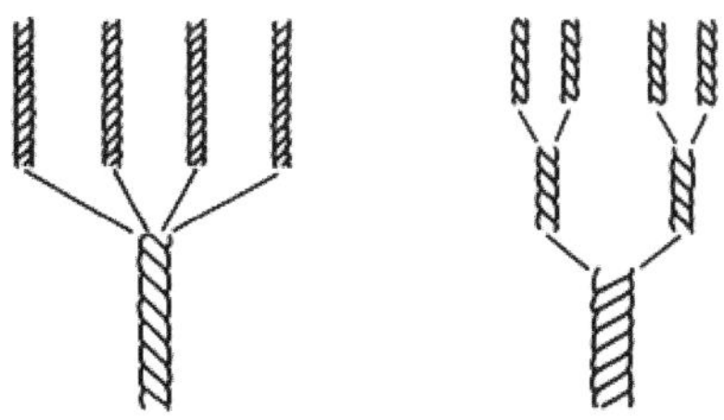
a) b)

   b) Wie unterteilt man Zwirne wegen dieses Unterschiedes?

   Zwirne wie bei a) sind ____.

   Zwirne wie bei b) sind ____.

4. Geben Sie zu den beiden dargestellten Zwirnen die Stufigkeit und die Fachzahl an.

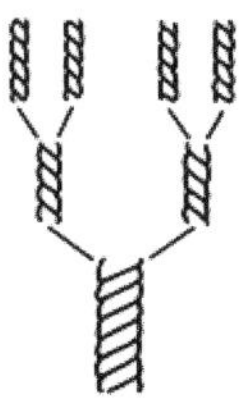

____

____

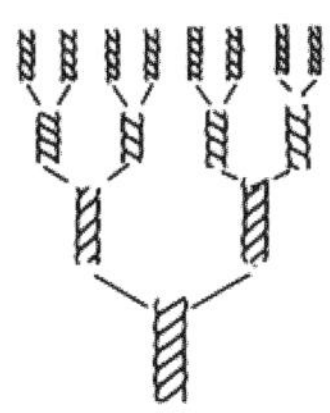

____

____

5. a) Die nebenstehend abgebildeten Zwirne unterscheiden sich durch ein wichtiges Merkmal voneinander. Welches?

a) b)

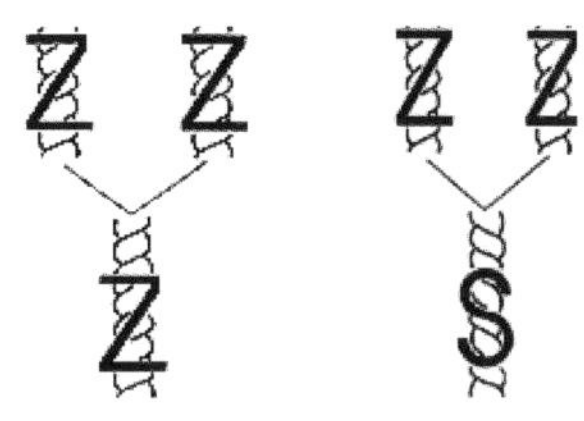

____

____

____

3.2 Zwirne

Name:	
Klasse:	Datum:

b) Wie unterteilt man Zwirne wegen dieses Unterschiedes?

Zwirne wie bei a) sind ______

Zwirne wie bei b) sind ______

c) Wie wirkt sich der Unterschied auf die Zwirne aus?

Zwirn a) ______

______

Zwirn b) ______

______

6. Geben Sie zwei Vorteile von Zwirnen gegenüber gleich dicken Einzelgarnen an:

(a) ______

(b) ______

7. In welchen Fällen werden Zwirne gegenüber Einzelgarnen bevorzugt eingesetzt? Geben Sie auch Beispiele an.

______

Beispiele: ______

8. Auch zur Feinheitskennzeichnung von Zwirnen wird das Tex-System verwendet.

Beispiel: **12 tex x 3**

Aus welchen beiden Bestandteilen ist die Zwirn-Nummer zusammengesetzt?

12 tex bedeutet: ______

x 3 bedeutet: ______

9. Es bedeuten:

a) 15 tex x 2 : ______

b) 130 dtex x 4: ______

10. Welcher Zwirn ist feiner:

a) 20 tex x 2 oder 20 tex x 3? ______

b) 30 tex x 3 oder 20 tex x 3? ______

3.3 Effektfäden

Name:	
Klasse:	Datum:

1. Textile Fäden – Garne und Zwirne – kommen entweder als Glattfäden oder Effektfäden vor. Notieren Sie deren charakteristische Merkmale.

Textile Fäden

Glattfäden	**Effektfäden**
Beispiel (verarbeitet in einem Gewebe):	*Beispiel:*
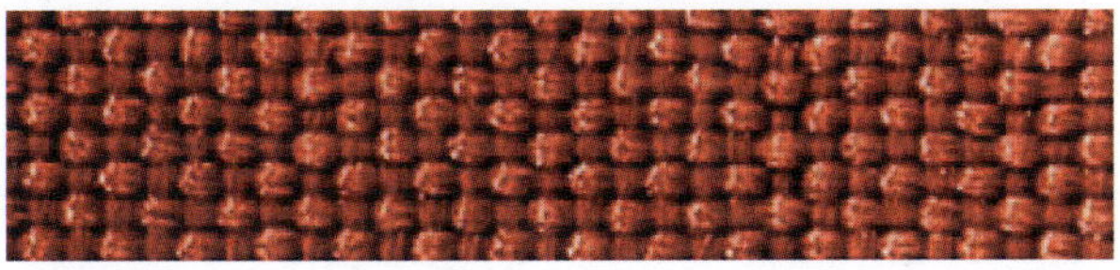	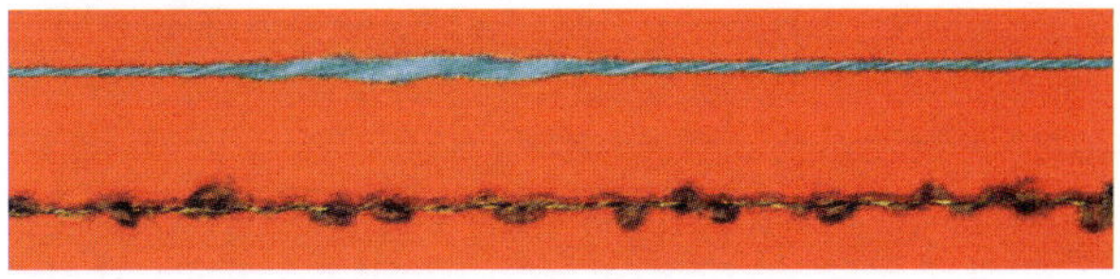
Farbe: ______________________	Farbe: ______________________
Oberfläche: ______________________	Oberfläche: ______________________
Querschnitt: ______________________	Querschnitt: ______________________

2. Die besondere, ausdrucksvolle Wirkung der textilen Effektfäden kann durch drei Maßnahmen (auch in Kombination) erreicht werden. Geben Sie den jeweiligen Effekt an.

Art der Gestaltungsmaßnahme	**Erzielter Effekt**
a) Verschiedene Ausgangs*materialien* werden zusammengeführt (z. B. matte und glänzende Fasern in Mischung).	______________________
b) Materialien verschiedener Farbe werden in Mischung verwendet.	______________________
c) Beim Spinnen oder Zwirnen werden *besondere Wirkungen* oder *Formen des Fadens* erzielt (z. B. schwankende Fadendicke, Mitdrehen eingefügter Faserbüschel, Schlingenbildung).	______________________

3. Welcher Gestaltungseffekt ist bei den folgenden Effektfäden angewendet (evtl. sind auch zwei Effekte kombiniert)?

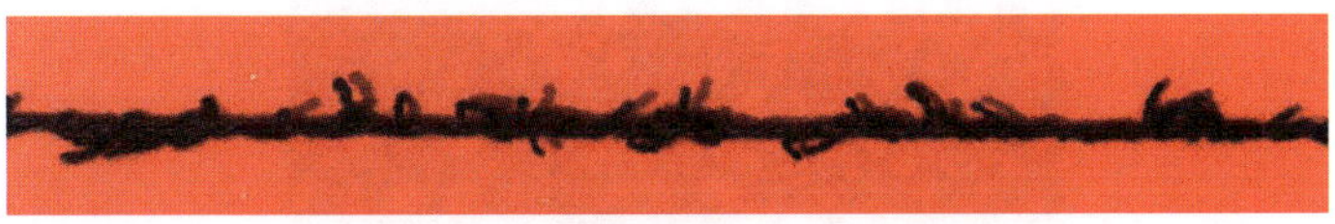

____

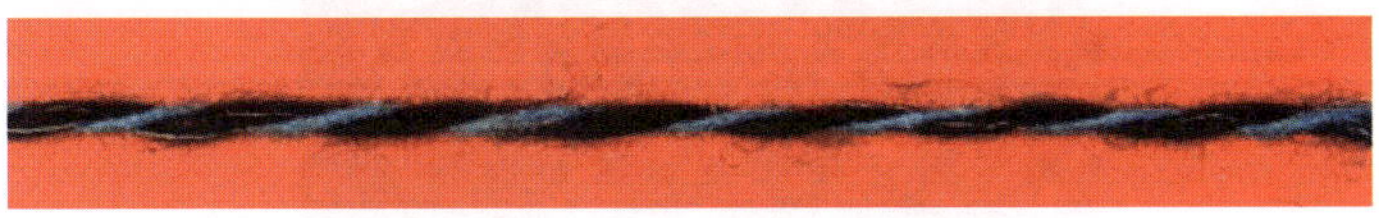

____

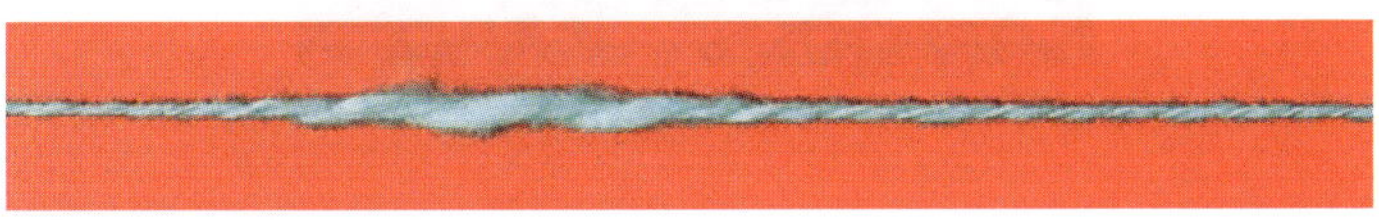

____

3.3 Effektfäden

Name:		
Klasse:	Datum:	

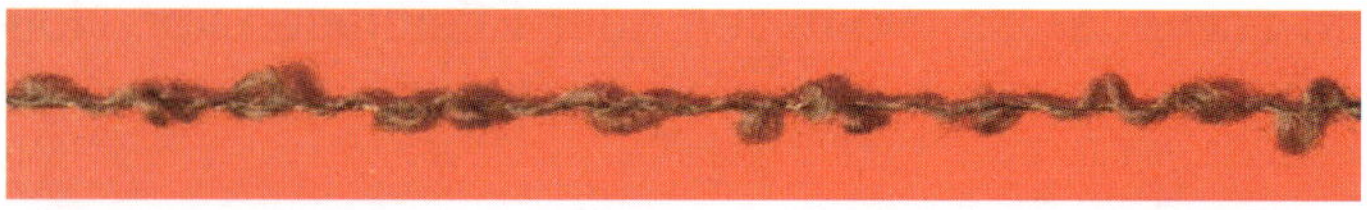

____

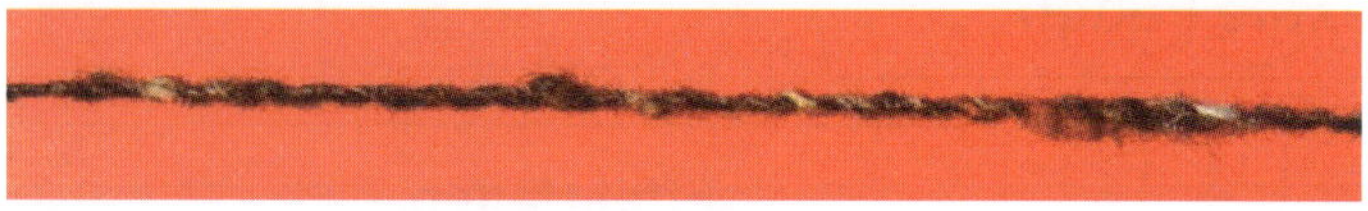

____

4. Welche Wirkung haben Effektfäden auf die Textilflächen, in denen sie verarbeitet sind?

____

____

5. Welche Effektfäden aus nicht textilem Material werden in Textilien verarbeitet?

(a) ___________________________

(b) ___________________________

(c) ___________________________

6. Im Folgenden sind Textilflächen mit eingearbeiteten Effektfäden abgebildet. Geben Sie jeweils an, ob es sich dabei um Textil-Effektfäden oder Metallverbundbändchen handelt (Textil = Textileffektfäden, Metall = Metallverbundbändchen).

____

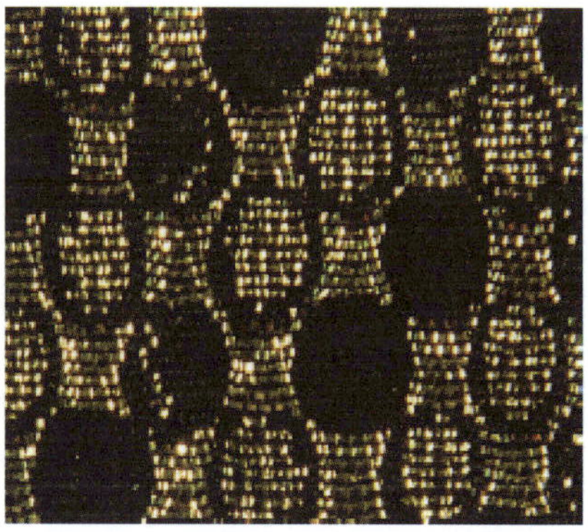

____

____

____

4.1 Gewebe

Name:	
Klasse:	Datum:

1. Die Textilfasern und textilen Fäden sind *linienförmig*. *Flächenförmige* textile Gebilde („Stoffe") erhält man aus den Fasern und Fäden, wenn man sie in einer Schicht anordnet und die Teile in geeigneter Weise haltbar und dauerhaft miteinander verbindet.

Textilflächen aus Fäden (Foto ENKA)

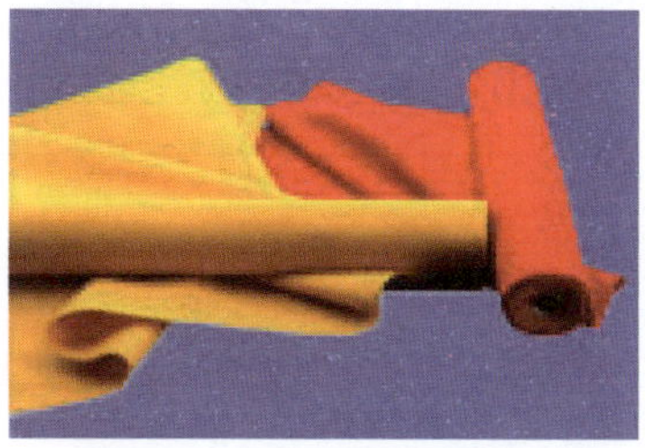

Textilflächen aus Fasern (Foto: M&K-Filze)

Die Art und Weise dieser Verbindung (die Bauart) kann sehr verschieden sein. So unterscheidet man nach Art der Bauteile und Bauart verschiedene **Textilflächenarten**.

a) Aus welchen Bauteilen können textile Flächengebilde (Stoffe) hergestellt sein?

____

b) Wie fertigt man aus linienförmigen Bauteilen flächenförmige textile Gebilde?

____

____

c) Nach welchen Merkmalen unterscheidet man verschiedene Textilflächenarten?

____

____

d) Notieren Sie sieben Textilflächenarten:

__________ __________ __________

__________ __________ __________

____

2. Eine der wichtigsten Textilflächenarten sind die **Gewebe**.

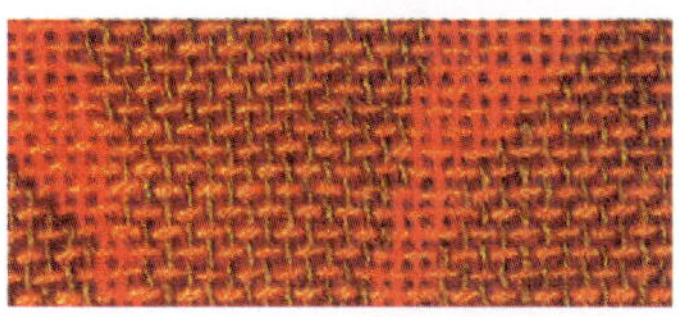

Gewebe

____

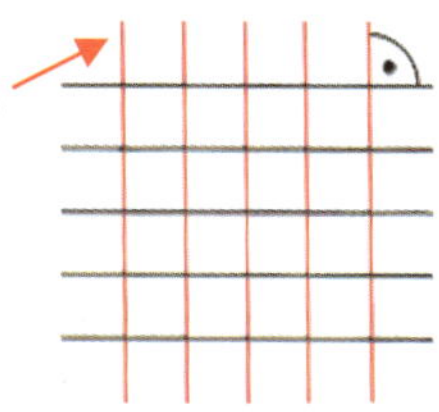

____

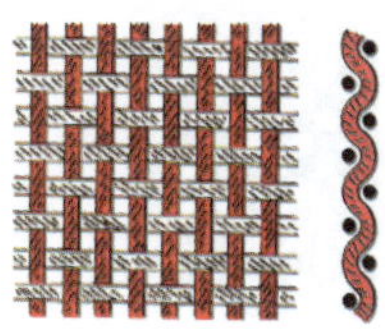

a) Aus welchen Bauteilen bestehen die Gewebe?

____

b) Wie sind die Bauteile bei Geweben angeordnet?

____

c) Wie halten die Bauteile der Gewebe dauerhaft zusammen?

____

4.1 Gewebe

Name:

Klasse: Datum:

d) Notieren Sie zur Schemazeichnung auf der Vorseite die Bezeichnung der Fadenart der Gewebe.

3. Die Herstellungstechnik der Gewebe heißt **Weben**. Was versteht man unter Weben?

4. Das wechselseitige Über- und Unterführen der Gewebefäden beim Weben kann nach verschiedenen Regeln erfolgen.

   a) Wie nennt man solche Regeln?

   b) Fassen sie die in der nebenstehenden Skizze erkennbare Regel in Worte und geben Sie an, wie diese Regel heißt.

5. Die folgenden Schemazeichnungen stellen die beiden anderen Gewebe-Grundbindungsarten dar. Geben Sie die jeweilige Bezeichnung und das typische Merkmal an.

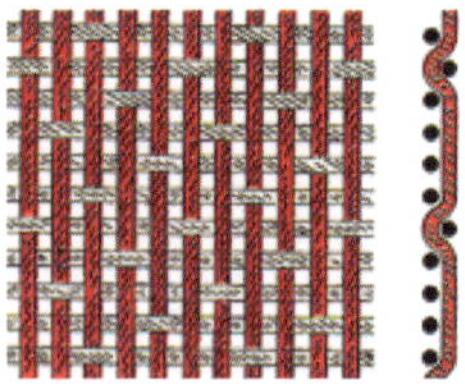

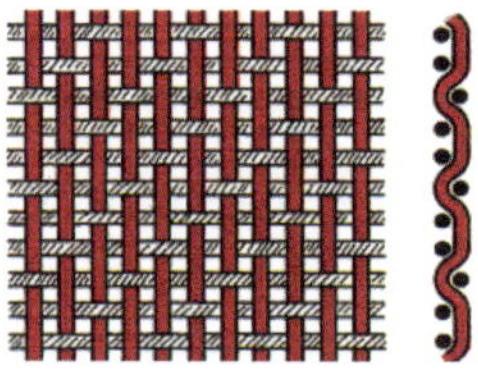

Typisches Merkmal:

6. Die Gewebebindungen werden durch Bindungs**bilder** (Patronen) und Bindungs**formeln** dargestellt.

   Notieren Sie neben den folgenden Patronen a) die Bindungsbezeichnung, b) die Bindungsformel:

a)

b)

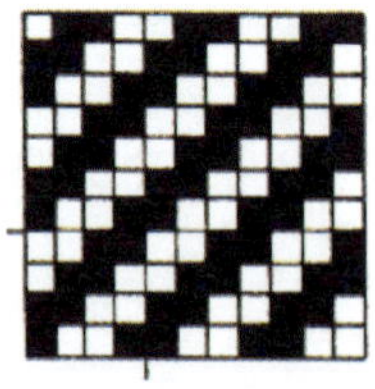

a)

b)

a)

b)

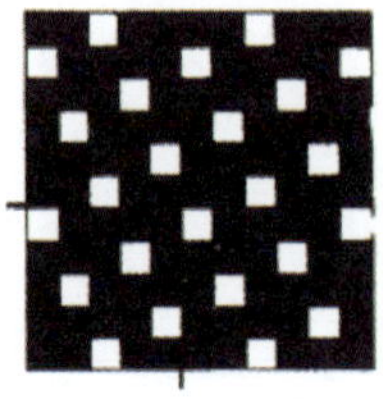

a)

b)

4.1 Gewebe

Name:

Klasse: Datum:

7. Unter sonst vergleichbaren Bedingungen führen die verschiedenen Bindungen zu unterschiedlichen Gewebeeigenschaften. Notieren Sie hierfür ein Beispiel:

____

____

____

8. Durch Veränderung der Gewebe-Grundbindungen und erweiterter Grundbindungen entstehen sogenannte **Gewebebindungs-Ableitungen**.

   a) Welche Möglichkeiten der Veränderung gibt es?

   ____

   ____

   ____

   b) In Folgenden sind links Grundbindungen, daneben daraus abgeleitete Bindungen als Beispiele dargestellt. Geben Sie die Grundbindung, die Ableitung und die Art der Veränderung an.

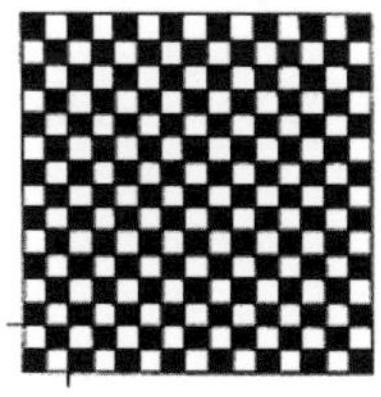

Grundbindung:

____

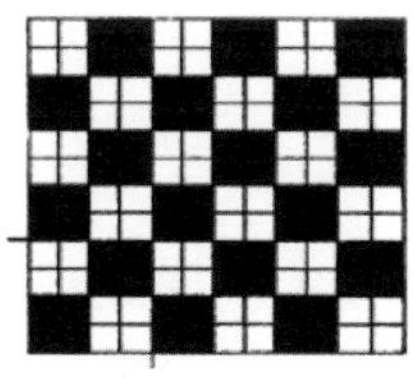

Ableitung:

____

Veränderung der Grundbindung durch:

____

____

Grundbindung:

____

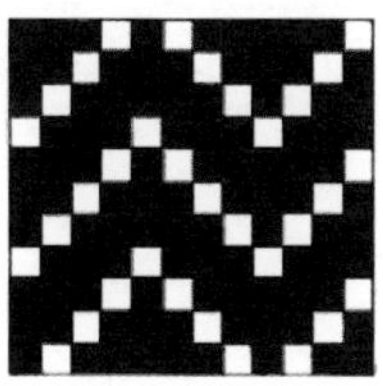

Ableitung:

____

Veränderung der Grundbindung durch:

____

____

9. Geben Sie weitere Beispiele für abgeleitete Gewebebindungen an:

   a) Aus der Leinwandbindung: ______________________________

   ____

   b) Aus der Köperbindung: ______________________________

   ____

4.1 Gewebe

Name:

Klasse: Datum:

10. Unter Buntweben versteht man Mustergebung beim Weben durch Verwenden verschiedenfarbiger Kett- oder/und Schussfäden. Es entstehen dabei typische Musterungen. Im Folgenden sind Beispiele für bunt gewebte Stoffe abgebildet.
Geben Sie die jeweilige Musterbezeichnung an.

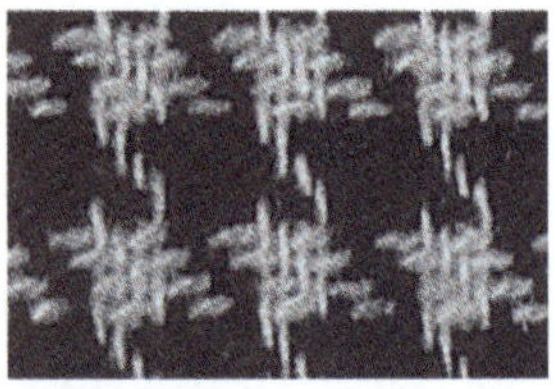

______________________ ______________________

______________________ ______________________

11. Gewebe können durch verschiedene Maßnahmen strukturell ausgestaltet werden. Dabei entstehen z. B. Gewebe mit folgenden Bezeichnungen:

Samt, Broché, Wendestoff, Cloqué (Blasenkrepp), Tüll, Lancé, verstärktes Gewebe, Plüsch, Frottier, Pikee, Drehergewebe.

Ordnen Sie die genannten Beispiele richtig in die folgende Tabelle ein:

Strukturmerkmal	**Gewebebeispiele**
Doppelgewebe	
Gewebe mit zusätzlichen Fadensystemen	
Gewebe mit Durchbruch-(Loch-)Struktur	

12. Gestalten Sie den Inhalt dieses „Arbeitsblattes“ als PowerPoint-Präsentation.

4.2 Maschenstoffe

Name:

Klasse: Datum:

1. Die nebenstehende Abbildung eines Maschenstoffes lässt erkennen, aus welchen Bauteilen diese Textilflächenart besteht.

   Bauteile der Maschenstoffe: ____________________

Maschenstoff

2. a) In der nebenstehenden Schemazeichnung eines Maschenstoffes ist das kleinste Element dieser Textilflächenart farbig hervorgehoben.

   Dieses kleinste Element heißt: ______________________________

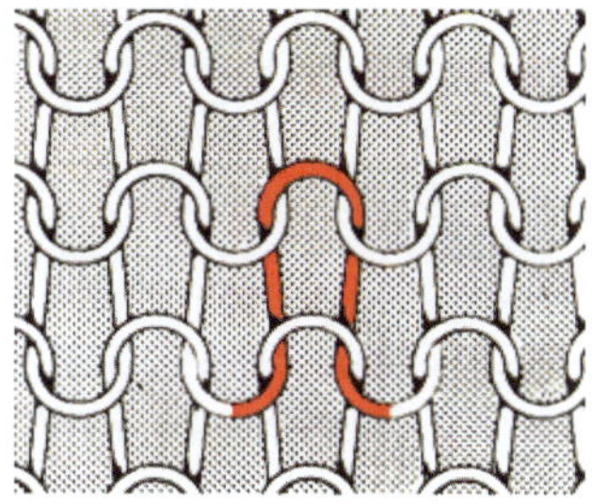

Maschenstoff (Schema)

   b) Wie kann man dieses kleinste Element beschreiben?

   Das kleinste Element einer Maschenware ist eine ____________________________________.

   c) Die Zeichnung stellt auch dar, wie die Elemente zu einer Textilfläche zusammengefügt sind.

   Die Elemente sind zur Flächenbildung ____.

3. a) Welche beiden Verlaufsrichtungen kann das maschenbildende Fadensystem bei Maschenstoffen aufweisen?

   ____

   b) Wie heißen die beiden Maschenstoffarten, die man aufgrund der Verlaufsrichtung ihrer Fäden unterscheidet? Notieren Sie die Bezeichnungen unter den folgenden Abbildungen.

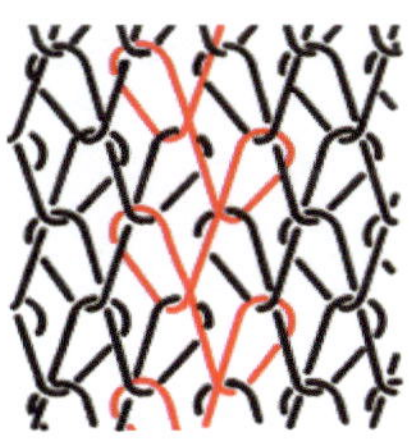

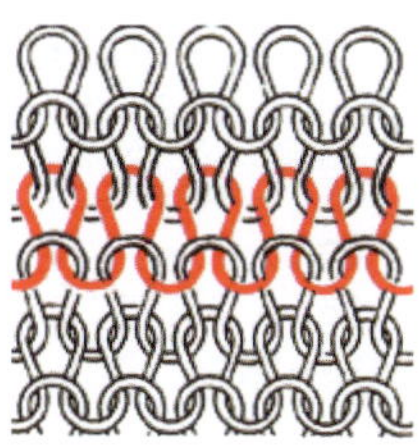

____________________________ ____________________________________

4. a) Welcher der schematisch abgebildeten Maschenstoffe zeigt an der Oberseite die rechte, welcher die linke Maschenseite (rechte – linke Maschen)?

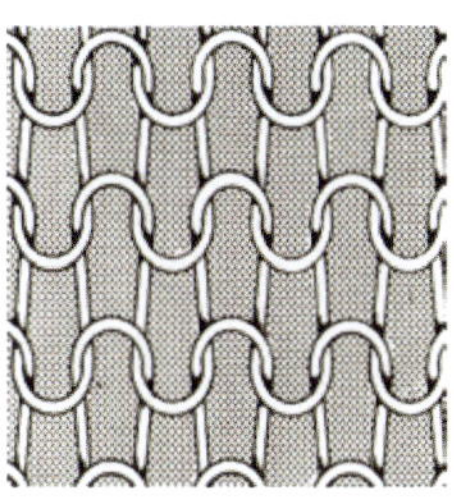
1

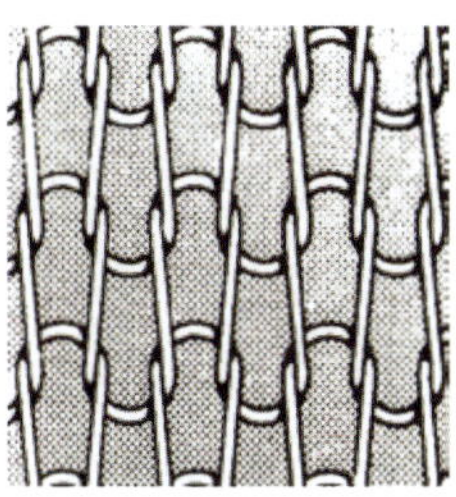
2

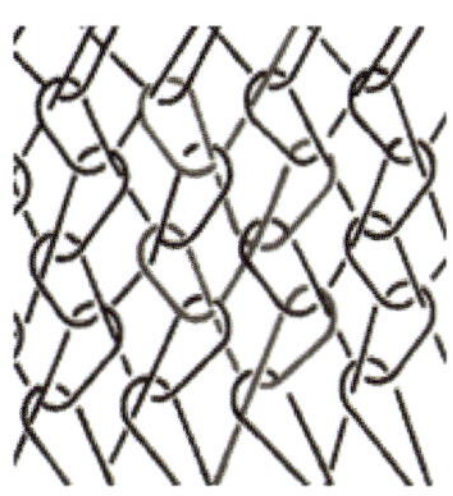
3

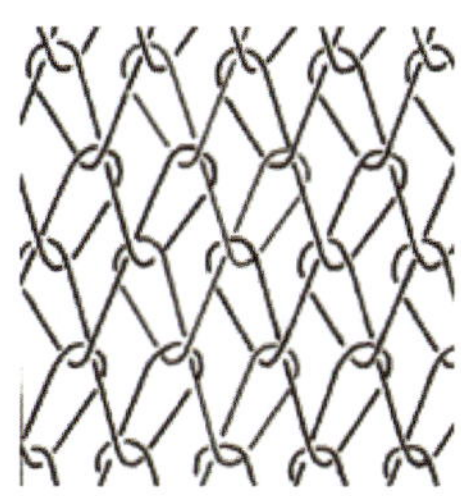
4

________________ ________________ ________________ ________________

4.2 Maschenstoffe

Name:	
Klasse:	Datum:

b) Woran haben Sie die Maschenart (rechte – linke Maschen) erkannt? (Notieren Sie auch die noch fehlenden Nummern in den Kreisen.)

bei (1) und ( ) ____________________

____

bei (2) und ( ) ____________________

____

5. a) Maschenstoffe werden durch **Stricken** oder **Wirken** hergestellt. Wodurch unterscheiden sich beide Techniken im Wesentlichen voneinander?

Stricken: ____________________

____

____

Wirken: ____________________

____

b) Welche der beiden Techniken ist von Hand und maschinell, welche nur maschinell ausführbar?

Von Hand und maschinell ausführbar ist: ____________________

Nur maschinell ausführbar ist: ____________________

6. Bei einem Maschenstoff der Maße 50 cm x 50 cm befinden sich in der Warenbreite 400 Maschen, in der Warenlänge 420 Maschen. Wie groß ist

a) die Maschen**reihendichte?** ____________________

b) die Maschen**stäbchendichte?** ____________________

c) die **Maschendichte?** ____________________

7. Bei den Geweben gibt die Gewebebindung die jeweilige Regel an, nach der die Fäden beim Weben geführt werden. Auch beim Maschenbilden gibt es Möglichkeiten unterschiedlicher Fadenführung.

a) Wie nennt man die entsprechenden Regeln bei Maschenstoffen? ____________________

b) Wie heißen die hier für Querfaden-Maschenstoffe beschriebenen Regeln der Fadenführung?

- Rechte und linke Maschen wechseln in der Maschenreihe: ____________________
- Es werden nur gleichartige Maschen (nur rechte oder linke) gebildet: ____________________
- Zwei Rechts/Rechts-Waren werden versetzt ineinandergefügt: ____________________

4.2 Maschenstoffe

Name:

Klasse: Datum:

8. Auch für die Ketten-Maschenwaren gibt es zahlreiche Bindungen. Nennen Sie fünf Grundbindungen.

9. Notieren Sie unter den folgenden Maschenbildern die jeweilige Bindungsbezeichnung.

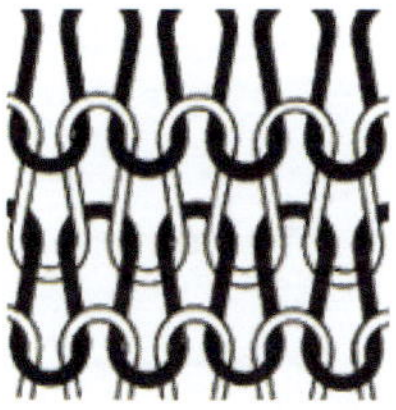
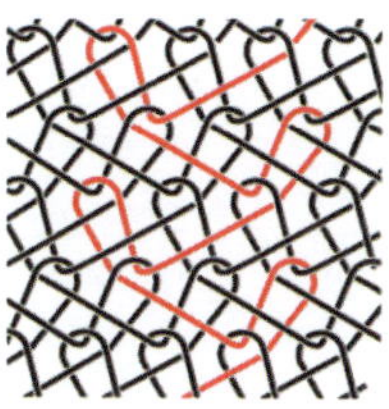
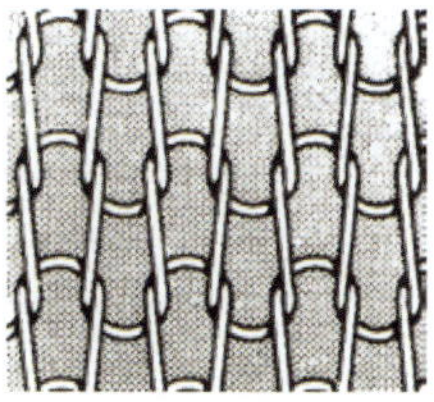

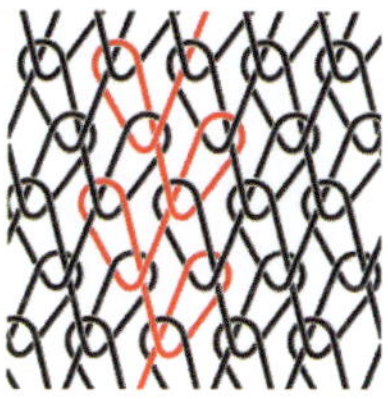
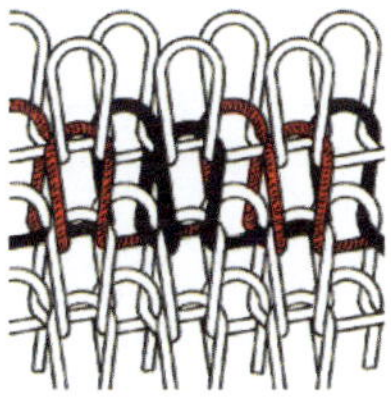
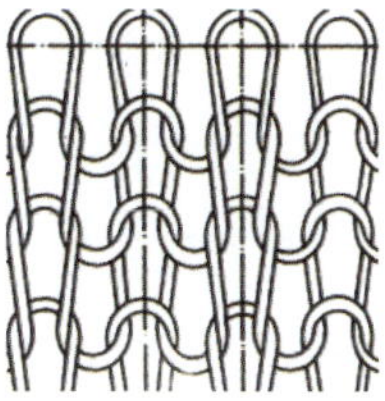
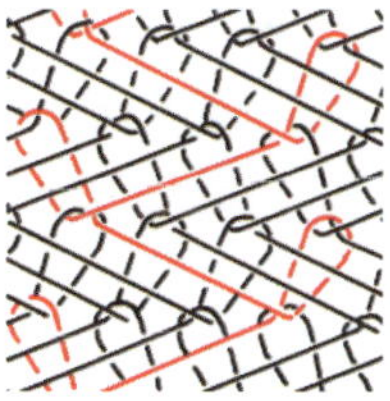

10. Durch welche Maßnahmen lassen sich die Eigenschaften, die Flächenstrukturen, die Musterung und spezielle Effekte bei Maschenstoffen verschieden gestalten?

a)

b)

c)

d)

11. Maschenbindungsableitungen entstehen vor allem durch die Einführung weiterer Bindungselemente sowohl bei Querfaden- als auch bei Kettenwaren: **Henkel**, **Flottung** und **Schuss**.
Die folgenden Zeichnungen stellen Beispiele dieser drei Bindungselemente bei Querfaden- und Kettenware dar. Geben Sie unter den Abbildungen das jeweils dargestellte Bindungselement an und beschreiben Sie es daneben kurz.

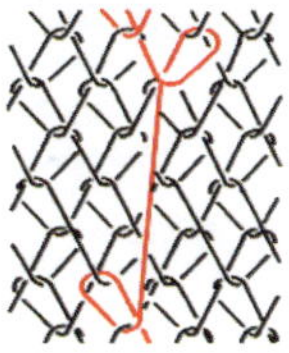
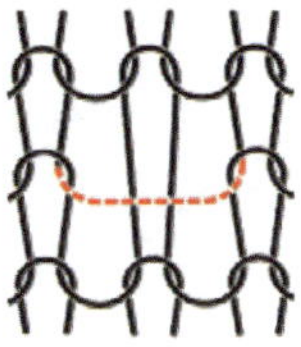

Bei: Bei:

4.2 Maschenstoffe

Name:

Klasse: Datum:

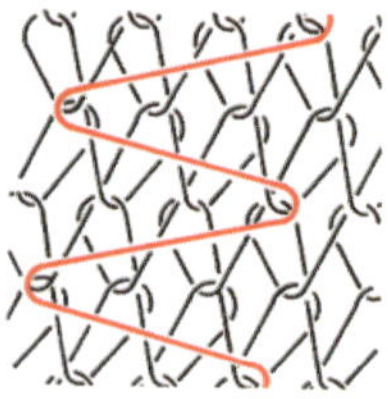

Bei:

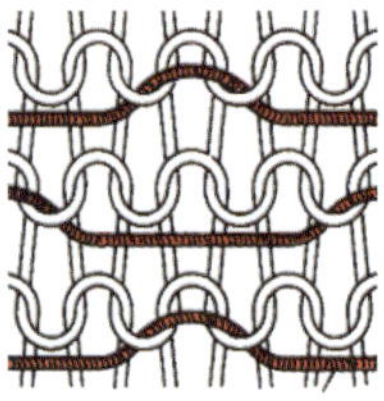

Bei:

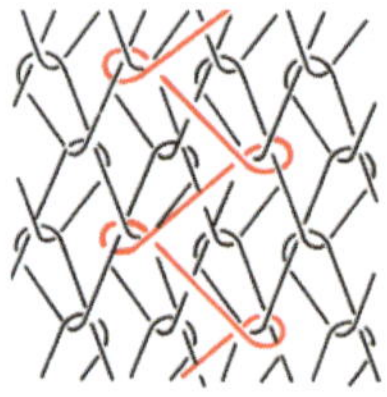

Bei:

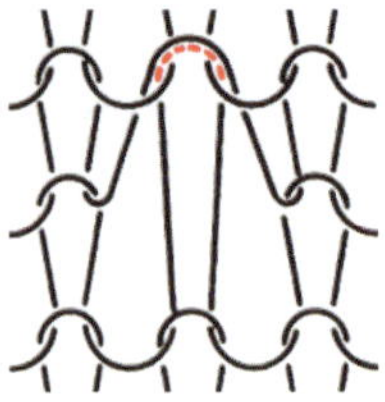

Bei:

12. Welche speziellen Maschenstoffe sind hier abgebildet oder zeichnerisch dargestellt?

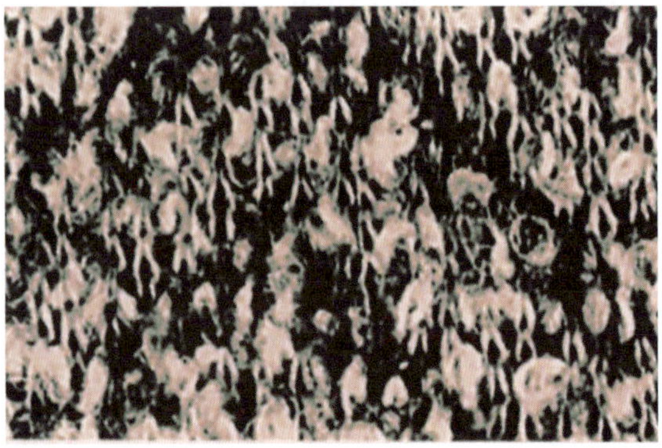

4.2 Maschenstoffe

Name:	
Klasse:	Datum:

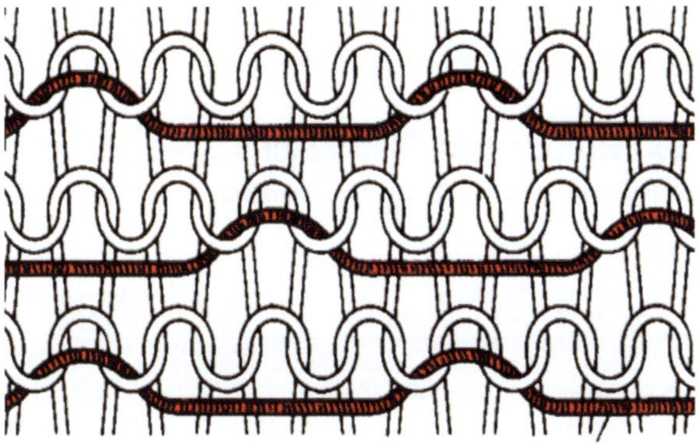

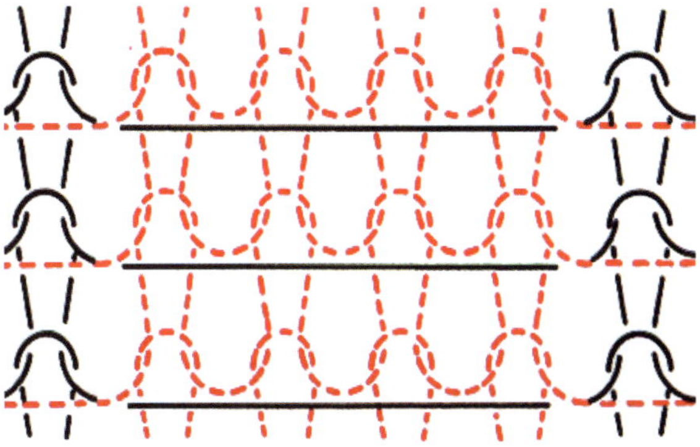

13. Notieren Sie einige Eigenschaften, die bei Maschenstoffen im Allgemeinen besonders ausgeprägt vorhanden sind:

a) ___

b) ___

c) ___

d) ___

14. Welches Verhalten der Maschenartikel ergibt sich aus der Maschenstruktur für die Knitterneigung solcher Textilien?

15. Unter welchen Umständen ist Maschenbekleidung besonders geeignet?

16. Maschenstoffe neigen wegen ihrer Dehnbarkeit zu Transportkräuselung beim Maschinennähen. Wie kann man dem entgegenwirken?

a) ___

b) ___

17. Was gilt für das Bügeln von Maschenstoffen?

18. Welcher Eigenschaft der Maschenstoffe wirkt man bei der Verarbeitung durch Fixieren entgegen?

4.3 Textilflächen aus verfestigten Vliesen

Name:

Klasse: Datum:

1. Gewebe und Maschenstoffe sind aus textilen Fäden aufgebaut, die ihrerseits aus Textilfasern gebildet werden. Um textile Flächengebilde zu erzeugen, macht man also einen Zwischenschritt über die textilen Fäden.
   Diesen Zwischenschritt spart man bei einer bestimmten Gruppe von Textilflächen ein und fügt Textilfasern **direkt** zu einem textilen Flächengebilde zusammen. Zu dieser Gruppe von Textilflächen gehören:

   ________ ________ ________

2. Was versteht man unter einem Vlies?

   ____

3. *„In einem geordneten Vlies aus beliebigem Fasermaterial werden die Fasern durch geeignete Verfahren zu einer haltbaren Fläche verbunden."*
   Was ist damit beschrieben (und durch die nebenstehenden Abbildungen im Ergebnis veranschaulicht)?

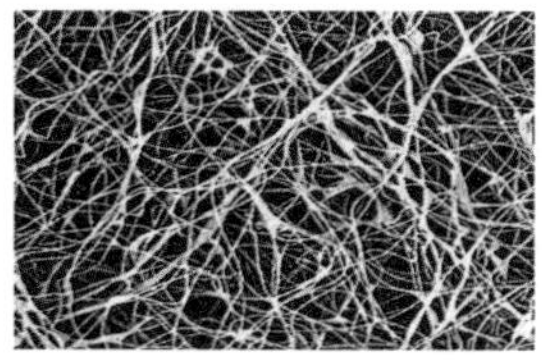
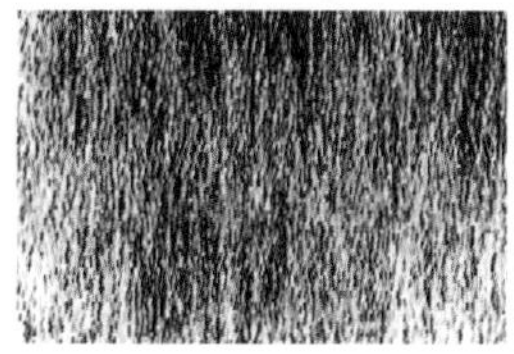

   ____

4. Geben Sie vier mögliche Techniken der Vlies-Verfestigung sowie die hierzu verwendbaren Faserarten an.

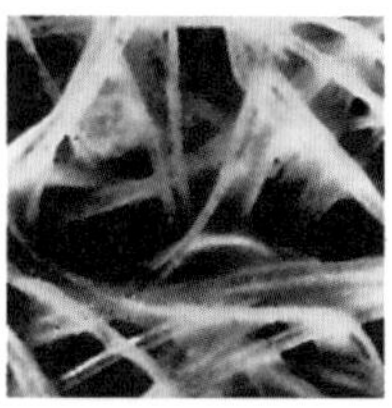
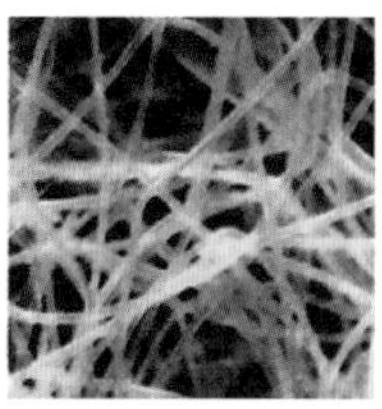
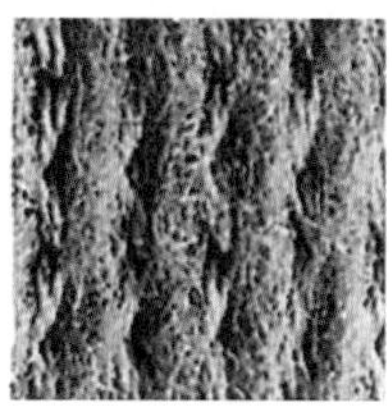
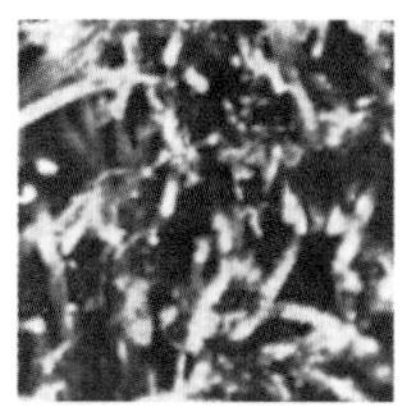

________ ________ ________ ________

Faser: ________ Faser: ________ Faser: ________ Faser: ________

5. Geben Sie Einsatzgebiete für Vliesstoffe im Bekleidungsbereich an.

   a) ________

   b) ________

   c) ________

6. Werden die Fasern eines Vlieses dadurch zur Textilfläche verdichtet und verfestigt, dass sie durch mechanische Einwirkung untereinander zusammenhaften, spricht man von einem ________.

7. Wird ein **Wollfaser**-Vlies durch bewusstes **Verfilzen** (Walken) verfestigt, entsteht ein ________.
   Im Bekleidungsbereich spielt er z. B. in folgender Verwendung eine Rolle: ________

   ____

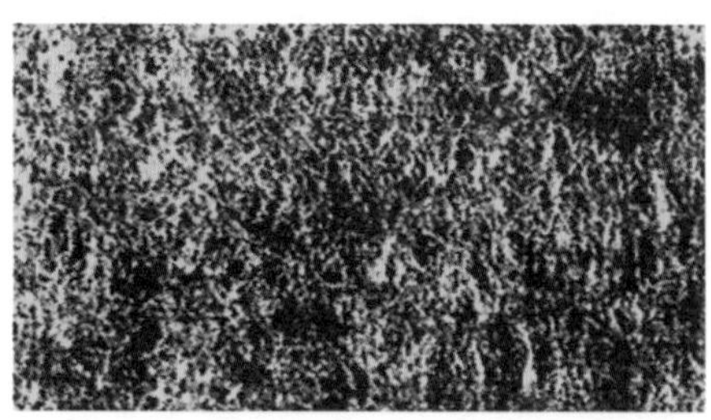

4.3 Textilflächen aus verfestigten Vliesen

Name:	
Klasse:	Datum:

Dabei sind einige seiner Eigenschaften für die Verarbeitung vorteilhaft, z. B.:

a) ______________________________

b) ______________________________

c) ______________________________

d) ______________________________

8. Welche Textilflächenart aus verfestigten Vliesen ist jeweils beschrieben? Geben Sie auch Verwendungsbeispiele an.

Textilflächenart	Eigenart
____________________ 	Ein Faservlies aus beliebigen Fasern wird durch Übernähen mit parallelen Kettenstichnähten verfestigt. Verwendung: ____________________ ______________________________
____________________ 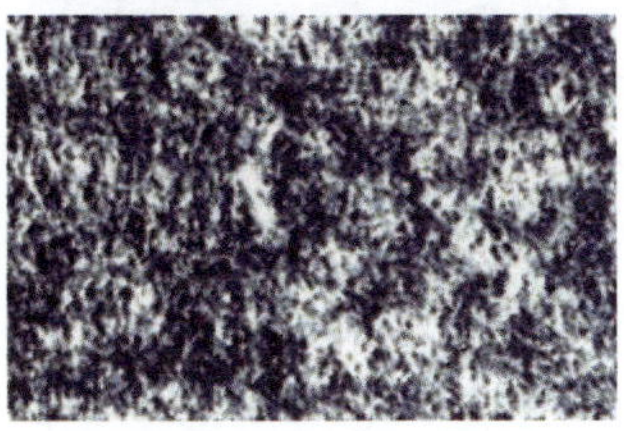	Die Fasern eines Vlieses aus beliebigen Fasern werden mithilfe einer Nadelmaschine mit sich selbst zur haltbaren Fläche verwirrt. Verwendung: ____________________ ______________________________

9. Unterscheiden Sie zwei Arten von Filzen und geben Sie deren Fasergrundlage an.

a) ______________________________

b) ______________________________

10. a) Welche Eigenschaft der Wolle ist zur Herstellung von Walkfilz entscheidend?

____

b) Wie entsteht Walkfilz?

____

____

____

____

____

4.4 Schichtstoffe

Name:	
Klasse:	Datum:

1. Was versteht man unter Schichtstoffen?

2. Die neuen Eigenschaften von Schichtstoffen können der Textilfläche eine *zusätzliche Funktion*, einen zusätzlichen Nutzen geben (z. B. Wasserdichtheit). Wie nennt man allgemein solche Stoffe und daraus hergestellte Kleidung?

3. a) Welche Funktion (Eigenschaft) bewirkt das Beschichten von Textilien mit einem geschlossenen oder mikroporösen Kunststofffilm?

   b) Zu welchen Artikeln werden solche Stoffe verwendet?

4. Inwiefern ist *Imitat-Leder* ein Schichtstoff?

Imitat-Leder

5. Wie heißt ein samtartiger Stoff, dessen Flor durch *Aufkleben* kurzer Faserstückchen entsteht?

6. Um welchen Schichtstoff handelt es sich bei **Verbundstoffen** oder **Laminaten**?

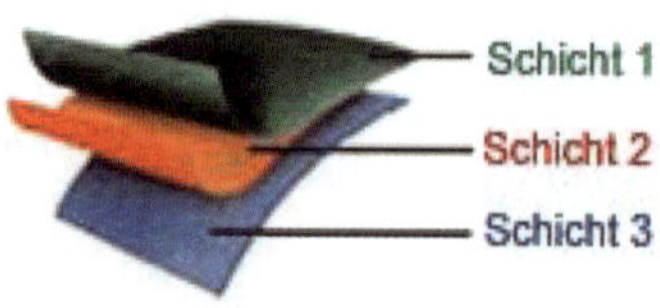

Schichtstoff (Schema; Bild: nach Sympatex)

7. Wodurch unterscheiden sich die Laminate von Doppelgeweben und sind daher Funktionsstoffe?

4.4 Schichtstoffe

Name:	
Klasse:	Datum:

8. Für das Verbinden der Materiallagen, z. B. mithilfe von Flüssigklebern und schmelzenden Kunststoffen, sind verschiedene Bezeichnungen gebräuchlich. Notieren Sie die fehlenden Begriffe:

a) Laminieren (______________)   b) ______________ (Verdecken)

c) Bondieren (______________)

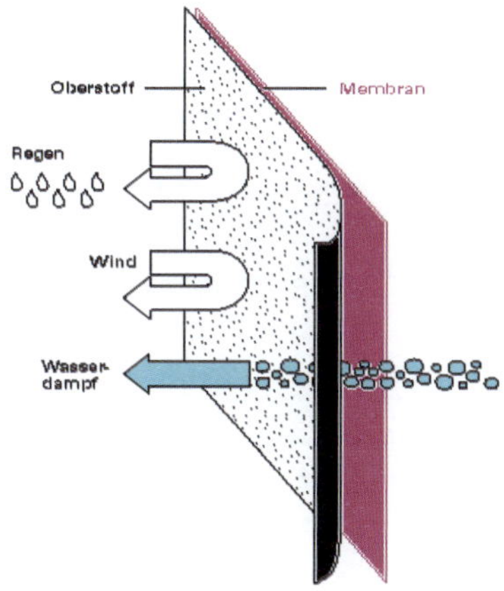

Laminat (Schema des Aufbaus und der Wirkweise)

9. Nebenstehend ist ein Beispiel für ein Laminat dargestellt.

a) Wie wird es bezeichnet?

____

b) Welche wichtigen Trageeigenschaften werden mit diesem Laminat geschaffen?

____

c) Auf welche Weise werden diese Eigenschaften erreicht?

____

____

____

d) Welchen Einsatz finden diese Laminate vor allem?

____

____

Beispiele für Kleidung aus Membran-Laminat (Fotolia links Halfpoint, rechts Max Topchii)

10. a) Wie heißt der im Folgenden beschriebene Verbundstoff?

„Zwei Maschenstofflagen sind durch die Maschenbindung miteinander verbunden. Die untere Lage besteht aus nicht saugfähigem synthetischem Fasermaterial, die obere Lage aus saugfähigen Natur- oder Chemiefasern."

____

b) Zu welcher Kleidung verwendet man Verbundstoffe dieser Art?

____

____

____

4.4 Schichtstoffe

Name:

Klasse: Datum:

11. Wie nennt man innovative Funktionsstoffe, die aus zwei miteinander verbundenen Maschenstofflagen bestehen, die einen Abstand von 1–65 mm haben (siehe Abbildung unten)? Kreuzen Sie die richtige Antwort an.

- ☐ Zwei-Lagen-Laminat
- ☐ Bondings
- ☐ Plattierte Maschenware
- ☐ Abstandstextilen

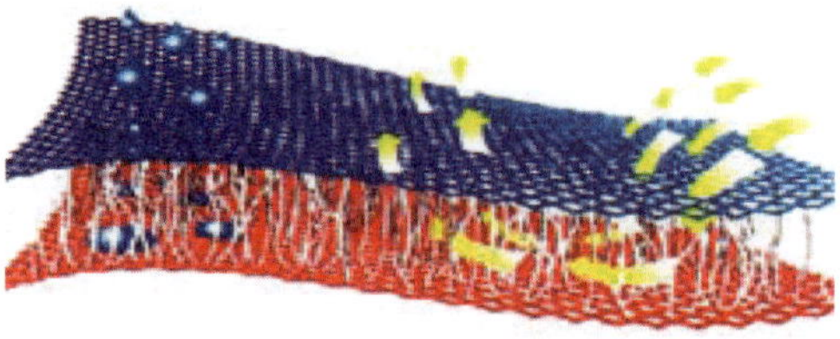

(Bild: Mühlmeier)

12. Um die funktionale Wirkung mehrerer, verschiedener Materialschichten zu nutzen, muss man sie nicht unbedingt fest miteinander verbinden. Es kann auch das sogenannte „Zwiebelprinzip" angewendet werden. Was versteht man darunter?

____

____

13. Die hier dargestellte Anwendung des „Zwiebelprinzips" gilt für Membran-Laminate. Wie nennt man die Membran in diesem Fall?

____

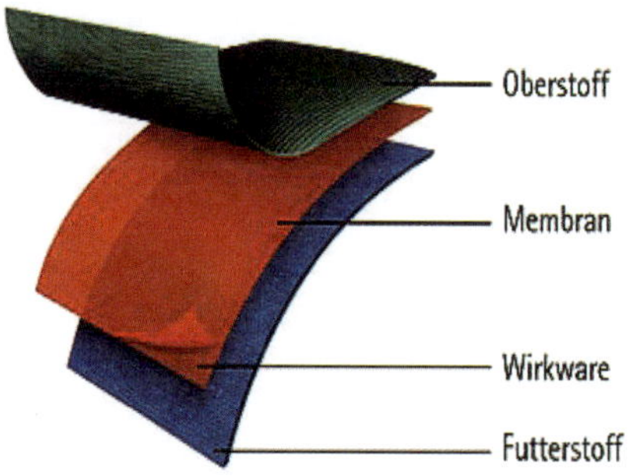

(Bild: Sympatex)

14. Wie wird das „Zwiebelprinzip" bei nicht verbundenen Maschenstofflagen angewendet, um die Wirkung integrierter Maschenstoffe bei Unterbekleidung zu erreichen?

____

____

____

____

15. Gestalten Sie ein Referat oder eine PowerPoint-Präsentation zum Thema *„Funktion und Einsatz von Membran-Laminaten"*.
Verwenden Sie dazu auch das Informations- und ggf. das Bildmaterial unter www.gore-tex.de und www.sympatex.de.

5.1 Benennung und Kennzeichnung von Textilwaren

Name:

Klasse: Datum:

1. Die exakte und eindeutige Benennung und Kennzeichnung von Textilwaren ist in mehrfacher Hinsicht wichtig. Geben Sie einige Gründe hierfür an:

a) ______________________________

b) ______________________________

c) ______________________________

d) ______________________________

2. Für die verschiedenen Bereiche der Textilwarenkennzeichnung sind unten Praxisbeispiele angegeben. Notieren Sie jeweils daneben, um welche **Art der Kennzeichnung** es sich handelt:

100 % Seide ______________________________

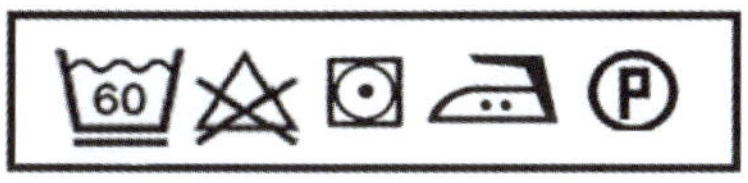

____

DIOLEN® **TESIL** ______________________________

Gütezeichen RAL sachgemässe Wäschepflege ______________________________

GEPRÜFTE QUALITÄT HOHENSTEINER INSTITUTE

Zertifiziertes Managementsystem DQS ______________________________

3. Eine Handelsbezeichnung kennzeichnet ein Textilerzeugnis in den verschiedenen Stufen der textilen Kette. Sie kommt hauptsächlich in *drei Formen* vor, die unten beschrieben und mit Beispielen versehen sind. Geben Sie jeweils an, welche Form der Handelsbezeichnung gemeint ist:

Beschreibung	Beispiel	Bezeichnung der Form
Eine *allgemeine* Bezeichnung für die **Art** der Ware. Sie wird von allen Beteiligten so verwendet.	**Polyamid**	______________
Eine *Firmenbezeichnung* oder ein Firmenzeichen nur für das Erzeugnis dieser Firma	**TESIL**	______________
Eine Firmenbezeichnung, die einen **guten** Ruf und eine Beliebtheit beim Verbraucher erworben hat	**DIOLEN®**	______________

5.1 Benennung und Kennzeichnung von Textilwaren

Name:	
Klasse:	Datum:

4. Waren- und Markenzeichen stellen eine gewisse Qualitätsgarantie dar, u. a., weil sie die Herkunft einer Ware erkennen lassen und damit der Ruf des Herstellers auf dem Spiel steht.
   Dennoch sind die Qualitätszusicherungen der Waren- und Markenzeichen private Zusagen, die allein auf der Glaubwürdigkeit des Garanten (des Herstellers) beruhen.

   Was bieten die **Gütezeichen** dagegen zusätzlich?

   ____

   ____

   ____

5. Welche Rolle spielt das „Deutsche Institut für Gütesicherung und Kennzeichnung e. V." (RAL) im Zusammenhang mit Gütezeichen?

   ____

   ____

   ____

6. Welche Bedeutung hat die Kennzeichnung mit dem Gütezeichen „Sachgemäße Wäschepflege"?

   ____

   ____

   ____

7. a) In welcher Reihenfolge der Zuverlässigkeit lassen sich die Gütezeichen, Warenzeichen und Verbandszeichen prinzipiell ordnen? (Beginnen Sie mit dem Zeichen der höchsten Zuverlässigkeitsstufe).

   ① ____________ ② ____________ ③ ____________

   b) Inwiefern gilt diese Rangfolge?

   ____

   ____

   ____

   ____

5.1 Benennung und Kennzeichnung von Textilwaren

Name:	
Klasse:	Datum:

8 Was schreibt die Textilkennzeichnungsverordnung grundsätzlich zwingend vor?

9. Aus welchen beiden Teilen muss die Rohstoffgehaltsangabe bestehen? (Siehe auch nebenstehendes Beispiel.)

100 % Viskose

10. Welche Faserart-Bezeichnungen dürfen in der Rohstoffgehaltsangabe verwendet werden?

11. Ein Textilerzeugnis besteht z. B. ausschließlich aus Seide. Welche drei Formen der Rohstoffgehaltsangabe sind nach dem TKG in diesem Fall zulässig? Schreiben Sie die drei Formen in die folgenden Kästchen.

12. Notieren Sie Beispiele für Rohstoffgehaltsangaben in die folgenden Kästchen:

a) Zwei Faserarten sind gemischt.

b) Drei Faserarten sind gemischt.

13. Eine Mischfasertextilie ist mit der nebenstehenden Rohstoffgehaltsangabe versehen. Welche weitere Form der Rohstoffgehaltsangabe wäre nach der Textilkennzeichnungsverordnung noch möglich? Notieren Sie diese im folgenden Kästchen:

95 % Polyamid
5 % Elastan

14. Welche Fasermischung liegt bei der nebenstehenden Rohstoffgehaltsangabe vor?

88 % Polyester
12 % Sonstige Fasern

5.1 Benennung und Kennzeichnung von Textilwaren

Name:

Klasse: Datum:

15. Die folgenden drei Rohstoffgehaltsangaben enthalten jeweils einen Fehler:

100 % Synthetiks **Diolen**	①	**45 % Polyester** **55 % Viskose**	②	**90 % Polyacryl** **10 % Schurwolle**	③

a) Geben Sie die Fehler an:

Bei ① ____________________

Bei ② ____________________

Bei ③ ____________________

b) Stellen Sie die obigen Angaben in den folgenden Kästchen richtig:

	①		②		③

16. Die Kennzeichnung von Textilwaren mit den **internationalen Pflegezeichen** ist zwar freiwillig, sind die Zeichen aber vorhanden, so müssen sie folgende Bedingungen erfüllen:

a) ____________________

b) ____________________

c) ____________________

17. Was besagt die folgende Pflegeanleitung?

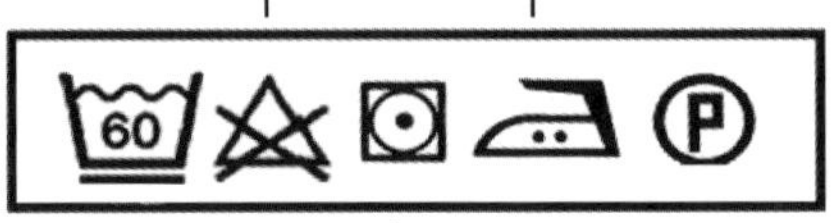

18. Ein weißer Artikel besteht zu 100 % aus Leinen.

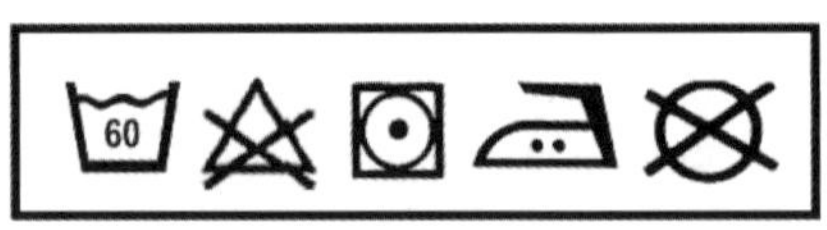

a) Für den Artikel ist die hier abgebildete Pflegeanleitung verwendet worden. Welchen grundsätzlichen Mangel (Fehler) weist sie auf?

____

____

5.1 Benennung und Kennzeichnung von Textilwaren

Name:	
Klasse:	Datum:

b) Wie nennt man diesen Mangel? ____________________

c) Weshalb sollte so etwas vermieden werden?

19. Die angegebene Pflegeanleitung zu einem weißen Baumwollartikel enthält *zwei* Fehler. Beheben Sie diese Fehler, indem Sie die Pflegeanleitung daneben neu zeichnen.

20. Ermitteln Sie unter www.textilkennzeichnungsverordnung.de > *Anlagen zur Verordnung* > *Anhang I* Informationen zu folgenden Fragen:

a) Welche Tierfaser-Bezeichnungen sind nach der Textilkennzeichnungsverordnung zulässig?

b) Welche Pflanzenfaser-Bezeichnungen sind nach der Textilkennzeichnungsverordnung erlaubt?

21. Welche Bedeutung hat das Dreieck-Pflegesymbol? (Ermitteln Sie unter www.ginetex.de)

5.2 Fertigungstechnische Zutaten

Name:

Klasse: Datum:

1. Die Haupt-Werkstoffgruppe der Bekleidungsfertigung sind die *Oberstoffe*. Alle anderen Werkstoffe werden zusammenfassend als **Zutaten** bezeichnet. Sie sind überwiegend textiler Art, manche sind aber auch nicht textile Materialien.

   Notieren Sie je drei Beispiele für textile und nicht textile Zutaten.

   Textile Zutaten:

   Nicht textile Zutaten:

2. Man kann die Zutaten der Bekleidungsfertigung in zwei Gruppen einteilen:

   - **fertigungstechnische Zutaten** und
   - **modische Zutaten.**

   a) Geben Sie von jeder Gruppe drei Beispiele an.

   Fertigungstechnische Zutaten:

   Modische Zutaten:

   b) Nach welchen Gesichtspunkten unterscheidet man beide Gruppen von Zutaten?

   Fertigungstechnische Zutaten sind

   Modische Zutaten sind

3. Das Nähen ist eine der Haupt-Fertigungstechniken der Bekleidungsherstellung. Dabei wird Nähgut *gesichert, verbunden* oder *geschmückt*.

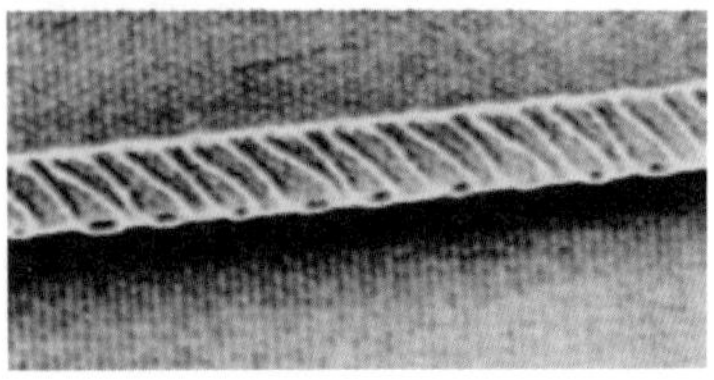

Nähgut sichern

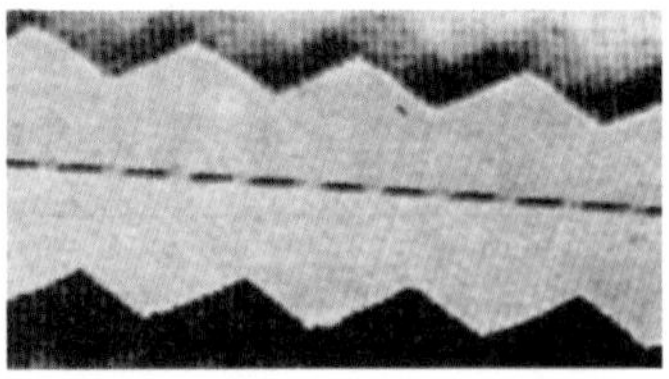

Nähgut verbinden

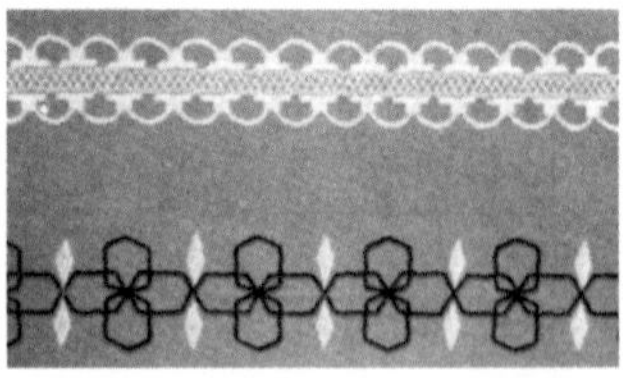

Nähgut schmücken

Welche Rolle spielt dabei der Nähfaden?

5.2 Fertigungstechnische Zutaten

Name:

Klasse: Datum:

4. Dem Nähfaden kommt also eine große Bedeutung zu: Er trägt wesentlich dazu bei, ob der Nähzweck
   - *einfach erreicht werden kann,*
   - *beständig ist und*
   - *ästhetische Gesichtspunkte erfüllt.*

   Welche Anforderungen sind daher an einen funktionstüchtigen Nähfaden von den Nähzwecken her zu stellen?

   a) ______________________________

   b) ______________________________

   c) ______________________________

5. Zur Verbindung des Nähfadens mit dem Nähgut benötigt man die Handnähnadel oder die Nähmaschine als Hilfsmittel.

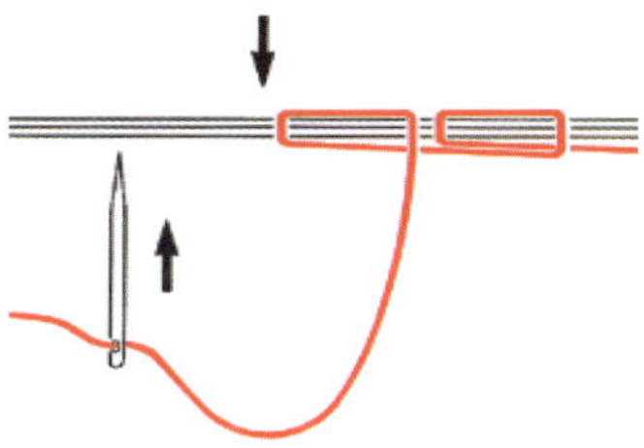

Nähen von Hand

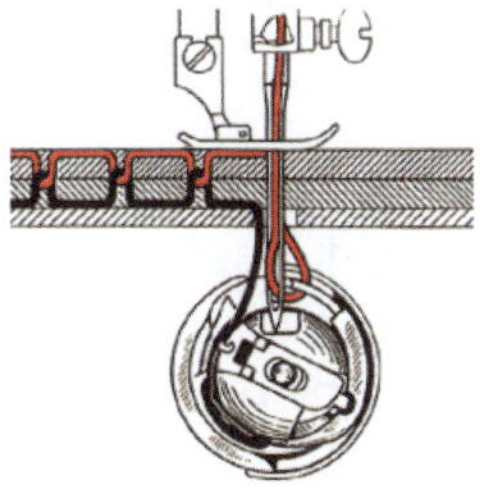

Nähen mit der Nähmaschine

Der reibungslose Einsatz dieser Hilfsmittel fordert weitere Eigenschaften des Nähfadens. Fasst man alle Anforderungen zusammen, so erfüllt ein Nähfaden seine Aufgaben gut, wenn er folgende Eigenschaften besitzt:

______________________ ______________________

______________________ ______________________

______________________ ______________________

______________________ ______________________

______________________ ______________________

6. Die folgenden Abbildungen zeigen verschiedene Nähfadenarten. Notieren Sie zu den Bildern die jeweilige Nähfadenbezeichnung. (Fotos: Gütermann)

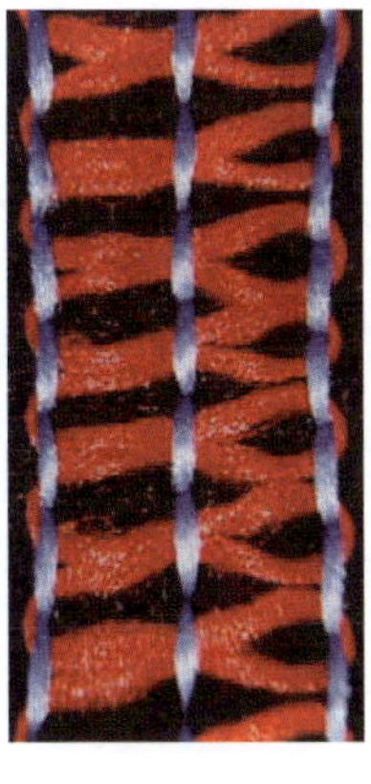

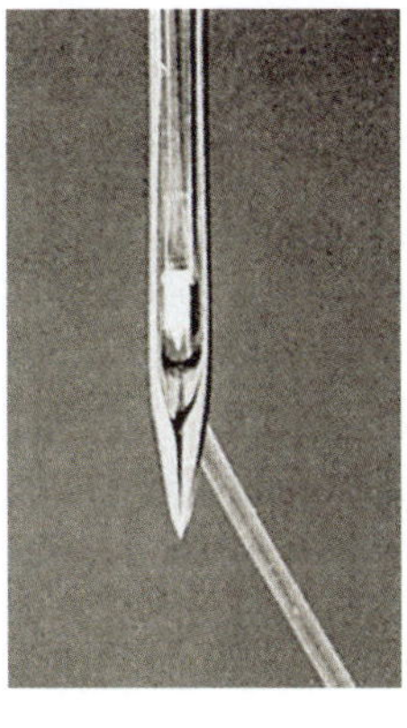

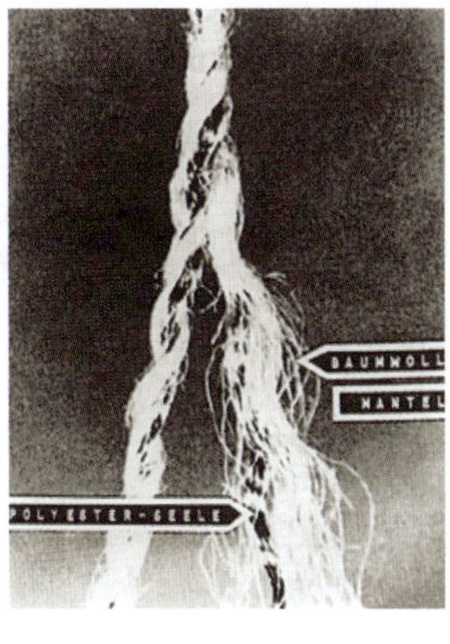

______________ ______________ ______________ ______________

5.2 Fertigungstechnische Zutaten

Name:	
Klasse:	Datum:

7. Außer durch verschiedenartige **Konstruktion** unterscheiden sich Nähfäden in weiteren Merkmalen voneinander.

   a) Notieren Sie solche Merkmale.

   ____

   b) Weshalb wird bei den Nähfäden eine so große Vielfalt angeboten?

   ____

   ____

8. Für den Einsatz von Nähfäden ist auch ihre **Aufmachung** von Bedeutung.

   a) Was versteht man unter Aufmachung der Nähfäden?

   ____

   b) Eine wichtige Unterscheidung in der Aufmachung von Nähfäden ist ihre Art als **Laufspule** oder **Schleifspule**. Die folgenden Abbildungen veranschaulichen beide Arten. Schreiben Sie neben die Abbildungen stichwortartig die jeweils geforderten Angaben.

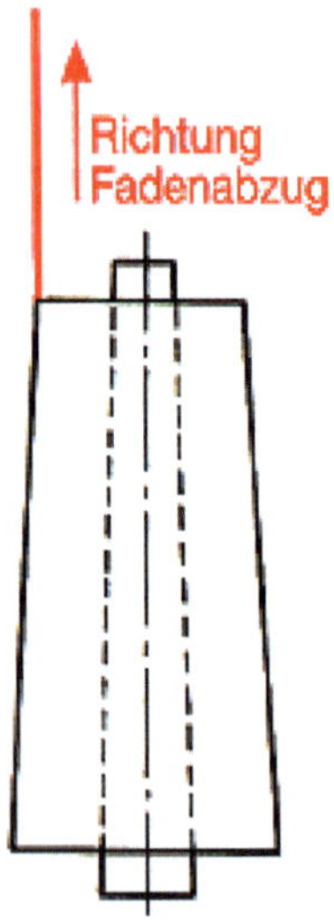

Spulenart: ______________________________

Spulenbewegung: ______________________________

Fadenabzug: ______________________________

Vorteile: ______________________________

____

Nachteile: ______________________________

____

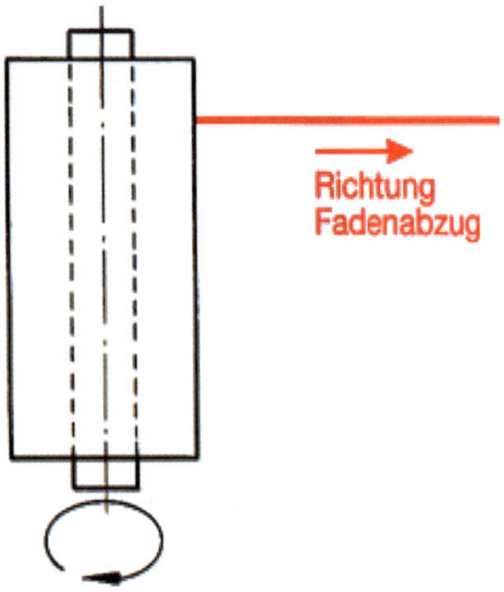

Spulenart: ______________________________

Spulenbewegung: ______________________________

Fadenabzug: ______________________________

Vorteile: ______________________________

Nachteile: ______________________________

____

5.2 Fertigungstechnische Zutaten

Name:	
Klasse:	Datum:

9. Im Folgenden sind Eigenschaften genannt, die durch den Einsatz der Zutaten **Futterstoffe** und **Einlagestoffe** verschiedener Ausführung erreicht werden:

Füllen (auspolstern), versteifen, Durchscheinen verhindern, Innenverarbeitung verdecken, Formstabilität des Oberstoffes verbessern, eingearbeitete Formen dauerhaft machen, Wärmehaltevermögen unterstützen, Gleitfähigkeit und Fall verbessern

Ordnen Sie diese Wirkungen den beiden Zutatenarten richtig zu.

Futterstoffe	Einlagestoffe

10. Um welchen Einlagestoff handelt es sich?

Aufbügelbar: ______________________

In Schussrichtung stark biege- und sprungelastisch: ______________________

11. Notieren Sie verschiedene Arten von Verschlussmitteln.

______________ ______________ ______________

______________ ______________ ______________

12. Welche Verschlussmittel sind hier abgebildet? (Geben Sie die Bezeichnung und den Zweck an.)

0 1
____

____

____

Zweck: ______________ Zweck: ______________ Zweck: ______________

______________ ______________ ______________

______________ ______________ ______________

13. Weshalb ist die Abstimmung der fertigungstechnischen Zutaten auf die Eigenschaften des Oberstoffes, mit dem sie verwendet werden, so wichtig?

____

____

5.3 Modisches Beiwerk – modische Zutaten

Name:		
Klasse:	Datum:	

1. Im Folgenden sind Beispiele für modisches Beiwerk und modische Zutaten aufgeführt:

   Tücher, Bänder, Lederbesatz, Handschuhe, Hüte, Schals, Posamenten, Spitzen, Strümpfe, Pelzbesatz

   a) Mit welchem Fachbegriff wird modisches Beiwerk noch bezeichnet?

   ____

   b) Ordnen Sie die obigen Beispiele beiden Gruppen richtig zu.

Modisches Beiwerk	Modische Zutaten

2. Was unterscheidet modisches Beiwerk von modischen Zutaten?

   ____

   ____

   ____

   ____

3. a) Wodurch sind Spitzen charakterisiert?

   ____

   b) In welcher Weise werden sie als modische Zutat an Bekleidungsprodukten verwendet?

   ____

   ____

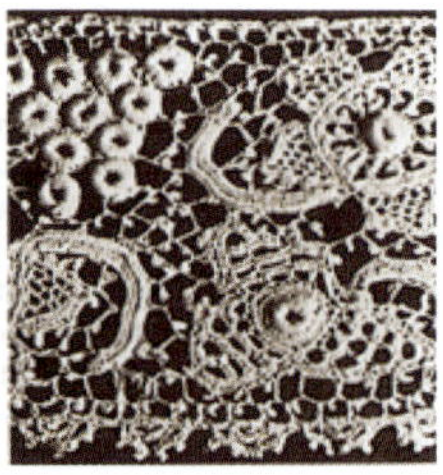

Klöppelspitze *Häkelspitze*
(Fotos: Gewerbemuseum St. Gallen)

4 a) Wie lassen sich Bänder charakterisieren?

   ____

5.3 Modisches Beiwerk – modische Zutaten

Name:	
Klasse:	Datum:

b) Welche Verwendung finden Bänder als Zutat an Bekleidung?

____

____

5. Notieren Sie einen anderen Ausdruck für Posamenten, der auch die Art dieser Zutat allgemein beschreibt, und geben Sie den Hauptzweck dieser Artikel an.

Begriff: ______________ Hauptzweck: ______________

6. Im Folgenden ist ein Posamenten-Artikel abgebildet. Worum handelt es sich?

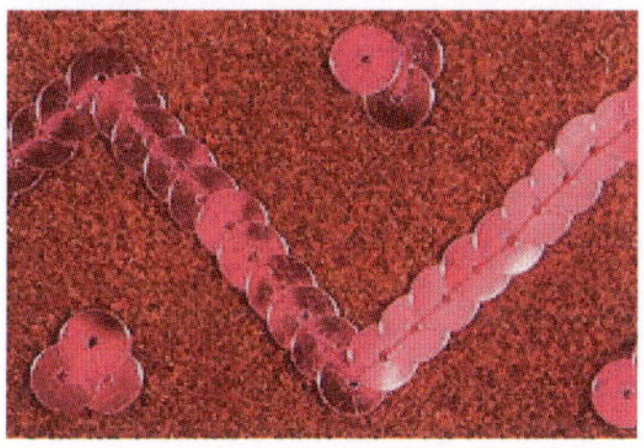

____

7. Die folgende Abbildung zeigt drei Posamenten-Artikel. Von oben nach unten: *Tresse, Zackenlitze* und *Kordel*.

Welche Konstruktion ist allen drei gemeinsam?

____

8. Notieren Sie weitere Posamenten-Artikel.

______________ ______________

______________ ______________

______________ ______________

______________ ______________

9. Welche Verwendung finden Pelz und Leder an textiler Bekleidung?

Pelz: ______________________________

____

____

Leder: ______________________________

____

____

6.1 Grundlagen der Textilveredlung

Name:	
Klasse:	Datum:

1. Weshalb wird Veredlung durchgeführt?

___

___

___

2. Ergänzen Sie:

Unter Ausrüstung oder ______ versteht man die Gesamtheit der Bearbeitungsvorgänge, die eine textile ______ oder ______ gebrauchsfähig machen und die notwendige und erwünschten ______ geben.

3. Welche Merkmale von Textilwaren werden durch Veredlung gestaltet?

a) ______

Beispiele: ______

b) ______

Beispiele: ______

c) ______

Beispiele: ______

4. Zu welcher Gruppe von Stoffen zählen solche, die durch Ausrüstung besondere, zusätzliche Nutzeigenschaften erhalten haben? Kreuzen Sie die richtige Antwort an.

☐ Standard-Stoffe
☐ Modestoffe
☐ Funktionsstoffe
☐ Bekleidungsstoffe

5. Wovon hängt es ab, welche und wie viele Veredlungsmaßnahmen an einer Textilware durchgeführt werden?

a) ______
b) ______
c) ______
d) ______
e) ______

6.1 Grundlagen der Textilveredlung

Name:

Klasse: Datum:

6. Bestimmte Veredlungsmaßnahmen lassen sich auf verschiedenen Stufen der Herstellung von Textilwaren anwenden. Das Färben z. B. ist ein Veredlungsvorgang, den man auf allen Produktionsstufen zur Anwendung bringen kann:

   Färben der ______________________

   Färben der ______________________

   Färben der ______________________

   Färben der ______________________

7. Am Beginn der Veredlung stehen vorbereitende Arbeiten. Nennen Sie diese zusammenfassend.

   a) ______________________

   b) ______________________

   ____

8. Die Veredlungsmaßnahmen lassen sich in zwei Gruppen einteilen:

Veredlung

durch → **mechanische Verfahren**
- kneten
- pressen
- spannen
- stauchen

usw.

durch → **chemische Verfahren**
- Einsatz von Chemikalien
- chemische Reaktionen

   a) Welche Verfahrensgruppe ist die problematische?

   ____

   b) Weshalb ist das so?

   a) ______________________

   ____

   ____

   b) ______________________

   ____

6.1 Grundlagen der Textilveredlung

Name:	
Klasse:	Datum:

9. Welchen Schutz gegen schädigende Ausrüstungschemikalien soll das Lebensmittel- und Bedarfsgegenständegesetz bieten?

____

____

____

10. Nennen Sie je zwei ökologische Maßnahmen im Bereich der Textilveredlung:

Chemikalieneinsatz: ______________________________

____

Wasserverbrauch: ______________________________

____

Energieverbrauch: ______________________________

____

____

Maschinen-, Verfahrenseinsatz: ______________________________

____

6.2 Veredlungsverfahren

Name:

Klasse: Datum:

1. Manche Veredlungsverfahren für Textilien lassen sich nur an bestimmten Textilrohstoffen durchführen. Es sind die **Rohstoff gebundenen Veredlungsverfahren**. Tragen Sie in die folgende Tabelle solche Rohstoff gebundenen Verfahren ein:

Veredlung von	
Baumwollwaren	**Wollwaren**

2. Bei dem hier abgebildeten Baumwollstoff ist eine rohstofftypische Ausrüstung vorgenommen worden.

   a) Wie heißt das Verfahren? ____________________

   b) Wie ergibt sich der erkennbare Effekt?

   ____

   ____

3. Wie heißen die baumwolltypischen Veredlungsverfahren, die hier beschrieben sind?

Bezeichnung der Verfahren	**Verfahren/*Effekte***
	Schwefelsäurebehandlung nach dem Merzerisieren → *durchscheinend, steif*
	Kontrolliertes Schrumpfen → *maß- und formstabil*
	Behandlung mit Natronlauge oder Flüssigammoniak und anschließendes Trocknen unter Zugspannung → *Glanz, größere Zugfestigkeit*

4. a) Wofür steht dieses Zeichen?

   ____

•SANFOR•

6.2 Veredlungsverfahren

Name:	
Klasse:	Datum:

b) Wie erreicht man diese Eigenschaft?

____

____

____

5. Welche Ausrüstung von Jeans-Artikeln soll ein gealtertes Aussehen in neuem Zustand vermitteln?

____

6. a) Welche Ausrüstung hat der abgebildete Wollstoff erhalten?

____

b) Wie geschieht dies?

____

____

c) Welche Auswirkungen hat diese Ausrüstung auf den Stoff?

____

Loden (mit angewebter „Futterseite")

7. Welche Effekte treten bei Wollstoffen durch folgende Ausrüstungsverfahren ein?

Dekatieren: ______________________________

____

Brennen/Krabben: ______________________________

____

8. Welchen Pflegeleicht-Effekt erreicht man bei Wollwaren durch Filzfreiausrüstung?

____

9. Durch welche Ausrüstungsmaßnahmen kann die Oberflächenstruktur von Textilflächen beeinflusst werden? Ergänzen Sie die Tabelle durch Eintragen der jeweils fehlenden Angaben:

Verfahren/Effekte	**Bezeichnung der Verfahren**
Glatte Warenoberfläche durch Abbrennen der abstehenden Faserenden	______________________________
______________________________ ______________________________	Kalandern

6.2 Veredlungsverfahren

Name:	
Klasse:	Datum:

Verfahren/Effekte	Bezeichnung der Verfahren
Oberflächenmuster einprägen	____________
____________	Schmirgeln/Schleifen
„Wasserzeichen“ bei Ripsgeweben	____________
____________ ____________	Anstoßen/Crashen
Glatte Oberfläche durch Abschneiden der abstehenden Faserenden	____________

10. An beiden abgebildeten Stoffen sind Ausrüstungsarbeiten angewendet worden, die ihre Oberflächenstruktur verändert haben. Welche Maßnahmen sind durchgeführt worden?

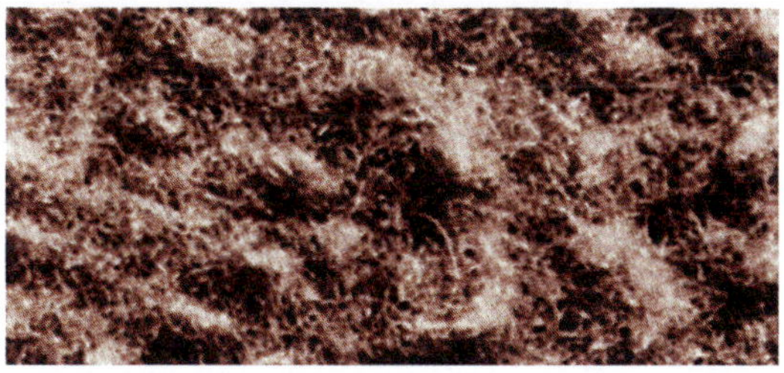

Ratiné

Rips moiré

____________ ____________

____________ ____________

11. Weißton lässt sich bei Textilien auf zwei Arten erzielen. Wie heißen beide Verfahren und wie wirken sie?

____________ ____________

↓ ↓

____________ ____________

____________ ____________

____________ ____________

12. Welche Ausrüstungsmaßnahmen zur Farbgestaltung sind bei den abgebildeten Stoffen vorgenommen worden?

____

d. h.: ____________

____

____

d. h.: ____________

____

6.2 Veredlungsverfahren

Name:	
Klasse:	Datum:

13. Beim **direkten** Druck wird das farbige Muster unmittelbar auf die Stoffoberfläche gebracht. Beim **indirekten** Druck entsteht das Farbmuster erst nach vorbereitenden Arbeitsgängen. Notieren Sie:

a) Direkte Druckverfahren sind z. B.:

____

b) Indirekte Druckverfahren sind z. B.:

____

c) Welches der genannten Druckverfahren liegt dem hier dargestellten Rotationsfilmdruck zugrunde?

____

Rotationsfilmdruck (Foto: IVGT e.V., Frankfurt)

14. Was versteht man unter digitalem Stoffdruck?

____

____

15. Welche Ausrüstungsmaßnahmen werden zur Schaffung von Gebrauchs- und Pflegeeigenschaften durchgeführt? Welche Wirkungen haben die Maßnahmen am Textil? Ergänzen Sie die Tabelle.

Ausrüstungsmaßnahmen	**Effekte**
Appretieren	______________
______________	Wasserabweisend
Antipilling	______________
______________	Verringerte Brennbarkeit
Antimikrobiell ausrüsten	______________

16. Die **Nanotechnologie** spielt bei der Ausrüstung von Textilien eine zunehmende Rolle.

a) Was versteht man unter Nanotechnologie?

____

____

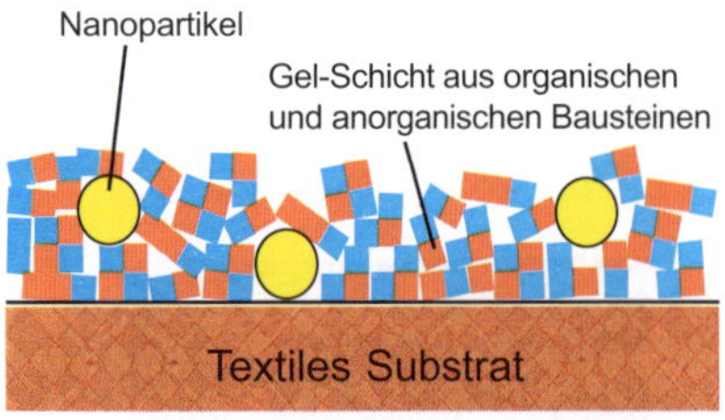

Nanotechnologie bei Textilien nach CHT

____

6.2 Veredlungsverfahren

Name:

Klasse: Datum:

b) Wie werden die Nanopartikel mit einem Textil verbunden?

____

____

17. Zählen Sie Anwendungsbeispiele für Nanotechnologie bei Textilien auf:

______________________ ______________________

______________________ ______________________

______________________ ______________________

18. In der Textilausrüstung werden für bestimmte Zwecke auf die Oberfläche von Textilien **Cyclodextrine** aufgebracht.

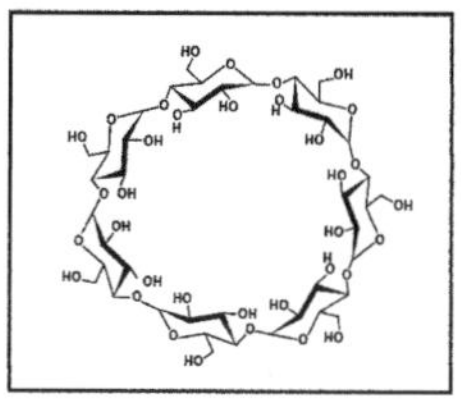

Cyclodextrin-Molekül

a) Welche Besonderheit des Aufbaus macht Cyclodextrin-Moleküle für die Textilausrüstung interessant?

____

b) Wie wird die oben beschriebene Besonderheit des Aufbaus für Textilien genutzt?

____

____

____

____

____

c) Wie werden die Cyclodextrine wieder geleert und sind dann erneut aufnahmefähig?

____

19. Die Cyclodextrine werden nicht nur zur antimikrobiellen bzw. desodorierenden Ausrüstung von Textilien eingesetzt. Wozu sind sie im Rahmen von Ausrüstung noch verwendbar? Kreuzen Sie die richtige Antwort an.

- ☐ Flammfest ausrüsten
- ☐ Knitterfreiheit bewirken
- ☐ Mit Depots für Düfte und Wirkstoffe versehen
- ☐ UV-Schutz zu erzielen

20. Wozu wird die Mikrokapsel-Technologie bei der Ausrüstung von Textilien eingesetzt? Kreuzen Sie die richtige Antwort an.

- ☐ Antipilling-Effekt erzielen
- ☐ Antistatisch machen
- ☐ Hydrophobieren
- ☐ Automatische Wärmeregulierung

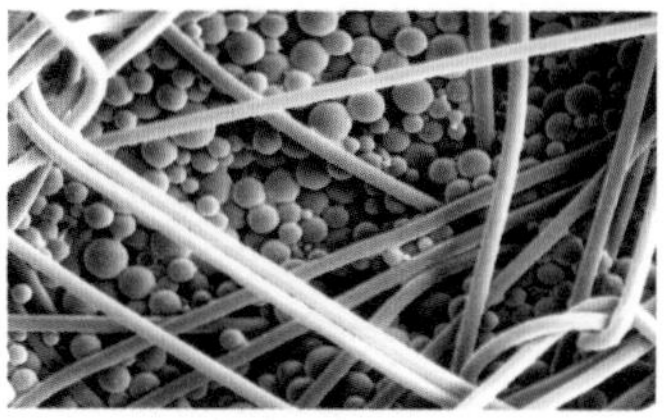

Mikrokapseln auf Textilien (Outlast)

7.1 Nähen, Bügeln, Fixieren

Name:

Klasse: Datum:

1. Die textile Fertigungstechnik umfasst vor allem die
   - **Nähtechnik (die wichtigsten Fügetechniken daneben sind das Schweißen und das Kleben),**
   - **Bügeltechnik und**
   - **Fixiertechnik.**

   Die folgenden Abbildungen veranschaulichen die **drei Zwecke der Nähtechnik**. Notieren Sie die Zwecke unter das jeweilige Bild und geben Sie auch praktische Beispiele an:

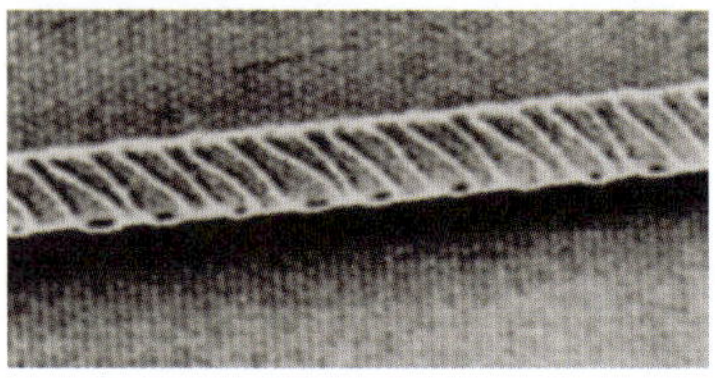

z. B. :

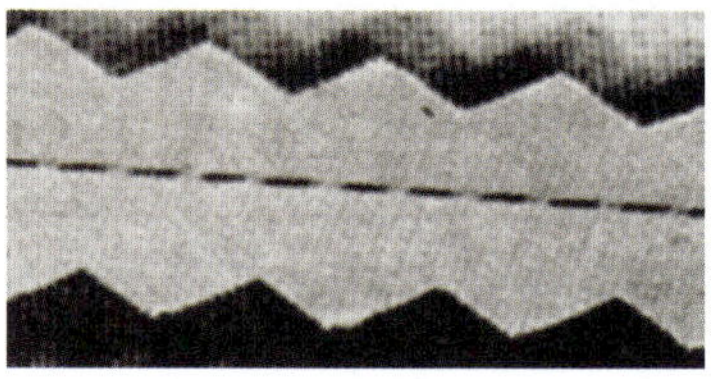

z. B. :

z. B. :

2. Welche Rolle spielt der **Nähfaden** in der Nähtechnik?

3. Wie bezeichnet man das rot gezeichnete Nähfadenelement der dargestellten **Naht**?

Nähnaht (Schema)

4. Welche Begriffe zur Nähtechnik sind jeweils definiert?

Definitionen	Begriffe
Die wiederholte Anordnung von Stichtypen in Nähgut	
Die Regel der Nähfadenführung beim Nähen	
Die einmal nach einer bestimmten Regel ausgeführte Nähfadenlage in Nähgut	
Eine sich regelmäßig wiederholende Anordnung von Stichen	

5. Welche **Grundsticharten** sind durch ein Beispiel veranschaulicht?

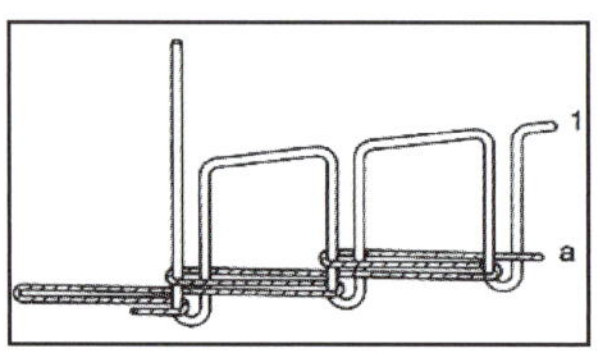

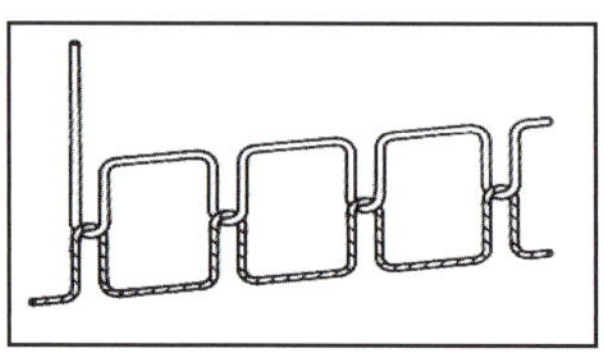

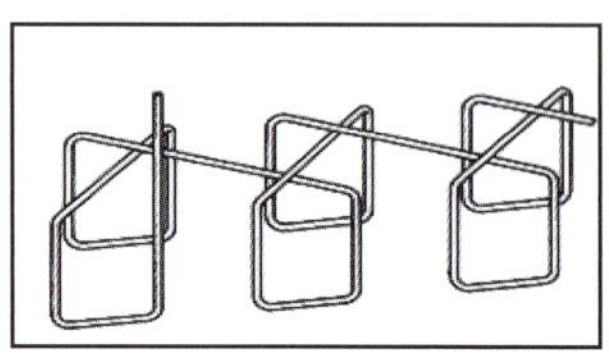

7.1 Nähen, Bügeln, Fixieren

Name:	
Klasse:	Datum:

6. a) In welcher Weise differenzieren sich die **Sticharten** zu den **Stichtypen**?

- ______________________________
- ______________________________
- ______________________________

____

b) Weshalb wird so vielfältig differenziert?

____

____

7. Geben Sie zu den abgebildeten **Nähstichtypen** die Bezeichnung und die **Kennnummer** an.

Stichtypenbilder	Bezeichnungen/Nummern
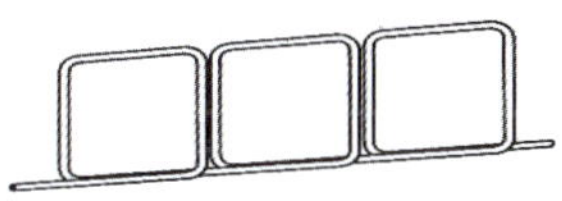	______________________________
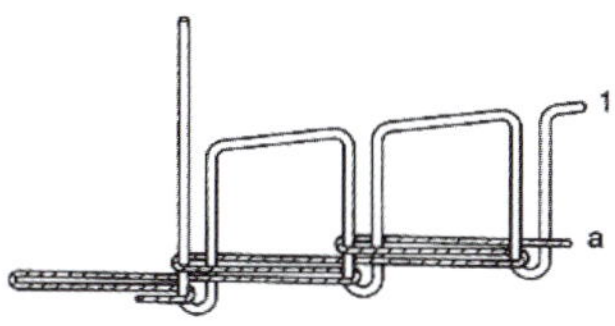	______________________________
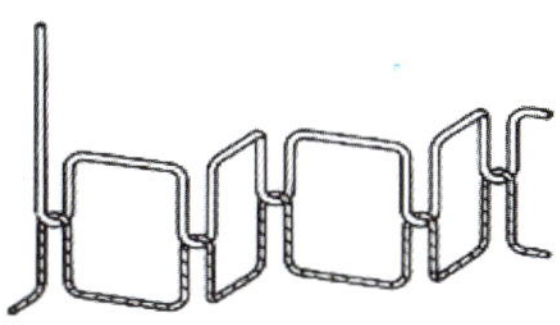	______________________________
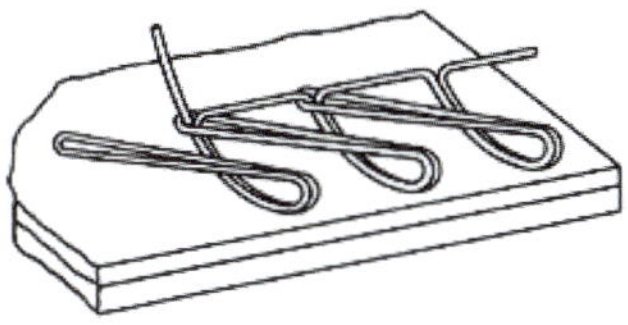	______________________________
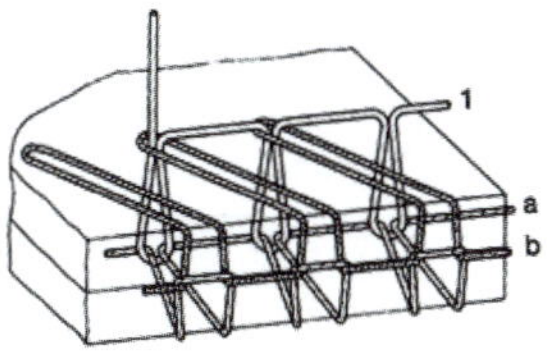	______________________________
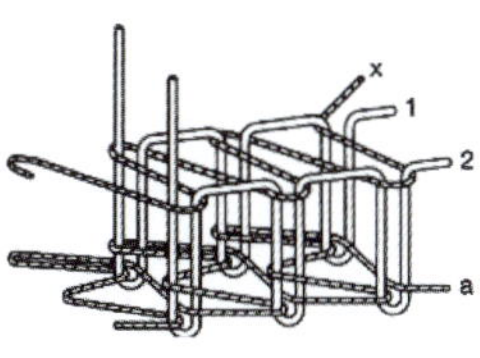	______________________________ ______________________________

7.1 Nähen, Bügeln, Fixieren

Name:

Klasse: Datum:

8. Weshalb kann beim Handnähen (im Gegensatz zum Maschinennähen) nur ein Nähfaden von *sehr begrenzter Länge* verwendet werden?

9. Welche **Nahtarten** sind dargestellt?

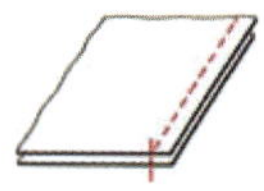
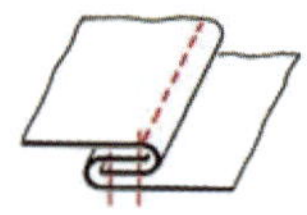
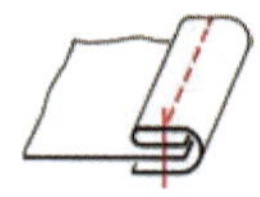

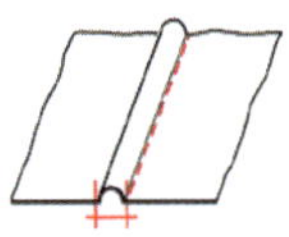
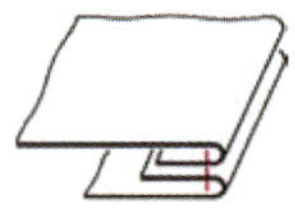
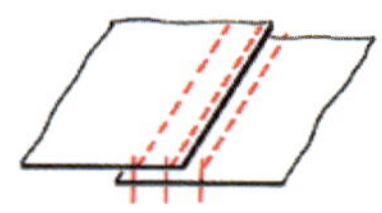
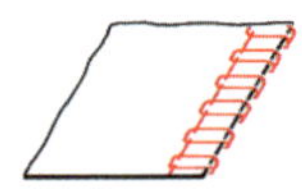

10. a) Welche Ziele werden durch die Technik des Bügelns angestrebt?

-
-

b) Mit welchen Einwirkungen auf das Bügelgut wird dies erreicht?

-
-
-

11. Was soll durch die genannten **Bügelzwecke** am Bügelgut erreicht werden? Notieren Sie konkrete Beispiele.

Bügelzwecke	Ergebnisse/Beispiele
Flachpressen	
Dressieren	
Kurzbügeln/Verbügeln	
Glätten	
Endbügeln/Finishbügeln	

7.1 Nähen, Bügeln, Fixieren

Name:

Klasse: Datum:

12. Ergänzen Sie:

Die drei **Bügelfaktoren** ________, ________ und ________ bewirken bei ihrem gleichzeitigen Einwirken auf das ________ in einem komplizierten Zusammenspiel den ________. Die gegebene Form wird durch das anschließende ________ und ________ stabilisiert.

13. Was versteht man bei der Bekleidungsfertigung unter **Fixieren**?

____

____

14. Geben Sie drei **Fixierzwecke** an.

- ____
- ____
- ____

15. Welche Wirkungen haben die drei Fixierfaktoren im Einzelnen?

Fixierfaktoren	Wirkungen
Wärme	
Druck	
Erkalten	

16. Hinsichtlich der Fixierverfahren unterscheidet man z. B. zwischen **Einzel-Fixierung** und **Sandwich-Fixierung** (als **Innen-** und **Außen-Sandwich**). Welches Verfahren ist jeweils schematisch dargestellt?

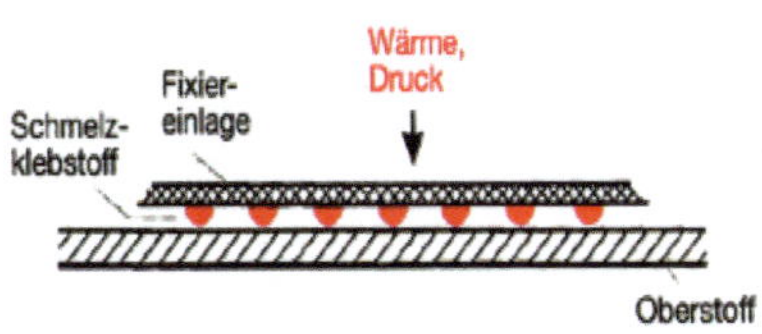

____

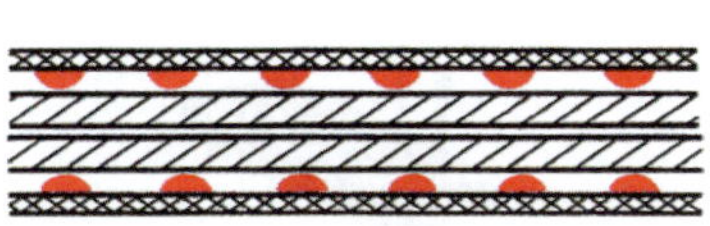

____

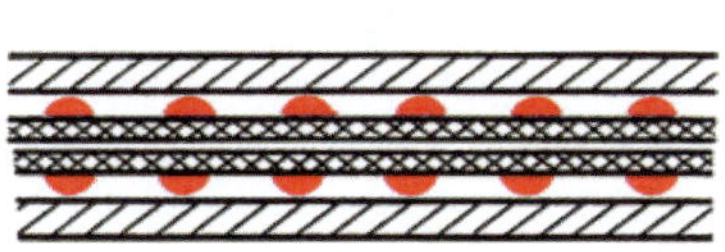

____

# 7.2 Nähmaschinen	Name:	
	Klasse:	Datum:

1. Nähmaschinen **mechanisieren** den Nähvorgang. Was bedeutet das?

2. Weshalb gibt es eine so große Zahl unterschiedlicher Nähmaschinenarten und -ausführungen?

3. Rein äußerlich unterscheiden sich die Nähmaschinen schon durch die **Bauform** voneinander.

   a) Welche wichtigen Nähmaschinen-Bauformen sind hier veranschaulicht?

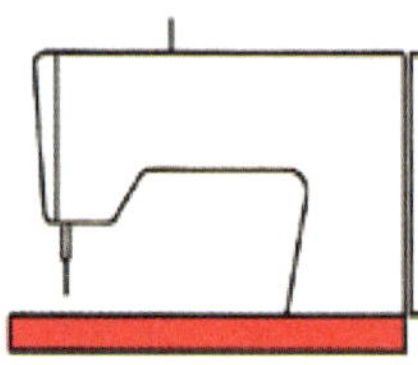
(A)

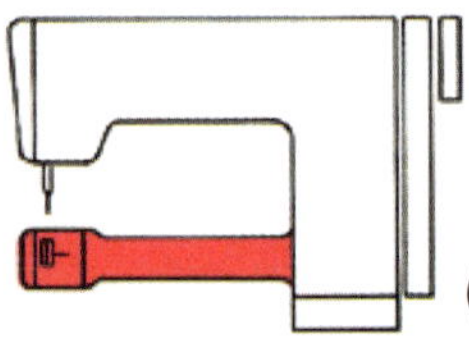
(B)

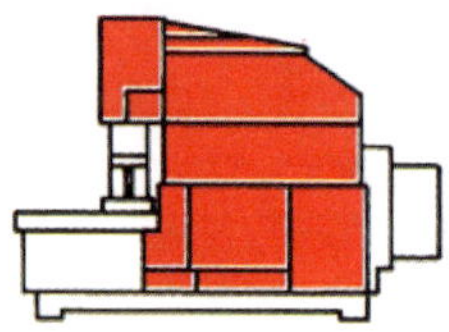
(C)

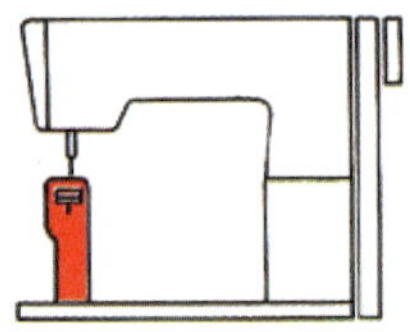
(D)

   b) Für welche Näharbeiten sind diese Bauformen entwickelt worden und daher besonders geeignet?

   (A)

   (B)

   (C)

   (D)

4. Ein weiteres grundlegendes Unterscheidungsmerkmal bei Nähmaschinen ist der Stichtyp, den sie ausführen. Die folgenden Abbildungen zeigen Ausschnitte aus Stichbildungsvorgängen. Wie heißen die jeweiligen Nähmaschinen aufgrund ihrer Stichbildung?

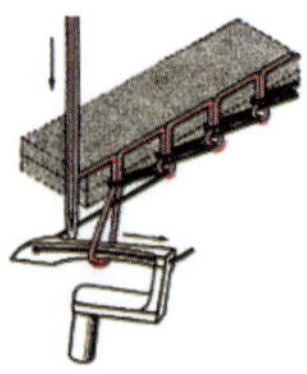

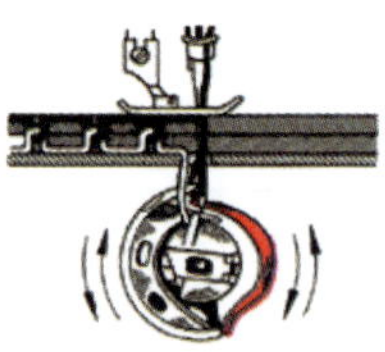

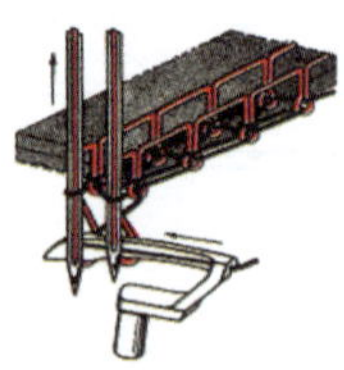

7.2 Nähmaschinen

Name:

Klasse: Datum:

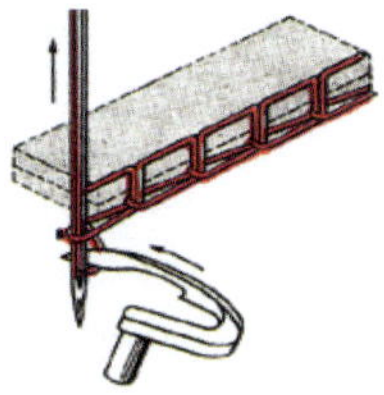

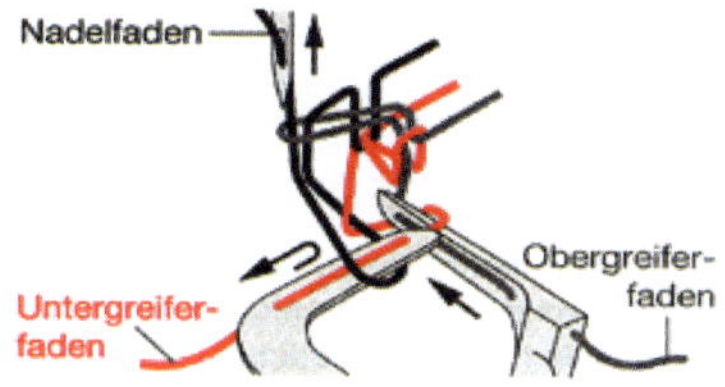

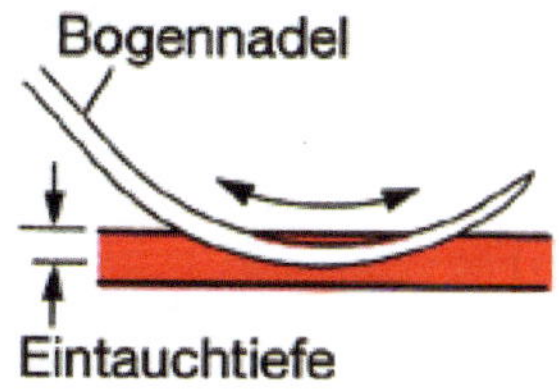

______________________ ______________________ ______________________

______________________ ______________________ ______________________

5. Geben Sie die jeweilige Nähmaschine an, von der hier ein wesentliches Merkmal genannt ist.

Merkmale	Nähmaschinen
Zentralspulenschiffchen als Schleifenfänger	
Horizontal schwingende Bogennadel	
Hakenförmiger Greifer (umlaufend oder schwingend) als Schleifenfänger	
Ober- und Untergreifer als Schleifenfänger	
Schwingender Greifer mit Greiferfaden als Schleifenfänger	
Umlaufgreifer als Schleifenfänger	
Bildet Zweiliniennähte	

6. Geben Sie die Hauptfunktionen der folgenden Nähmaschinenelemente an.

Nähmaschinenelemente	Hauptfunktionen
Nadel	
Schiffchen und Greifer	
Transporteur	
Nähfuß	

7.2 Nähmaschinen

Name:	
Klasse:	Datum:

7. Welche beiden Hauptaufgaben haben die Fadenspanneinrichtungen der Nähmaschinen?

   a) ______

   b) ______

8. Welche Ursache hat beim Maschinennähen a) *Spannungskräuselung*, b) *Verdrängungskräuselung*, c) *Transportkräuselung*?

   a) ______

   b) ______

   c) ______

9. Mit welcher speziellen Nähguttransporteinrichtung lassen sich diese Kräuseleffekte gewollt erzielen?

______

10. Eine Nähmaschine kann so konstruiert und technisch ausgestattet sein, dass *eine Vielzahl* von Nähaufgaben mit ihr ausführbar sind.

    a) Wie heißen Nähmaschinen, wenn sie demgegenüber für *bestimmte* einzelne Nähaufgaben besonders konstruiert und/oder ausgestattet sind?

    ______

    b) Die Einsatzbreite solcher, für bestimmte Nähaufgaben gedachter Maschinen ist zwar gering, dafür haben sie aber andere Vorteile. Welche?

    ______

    ______

    c) Notieren Sie Beispiele für solche (unter a) genannten) Nähmaschinen.

    ______ ______

    ______ ______

    ______ ______

# 7.3 Nähautomation	Name:	
	Klasse:	Datum:

1. Nähmaschinen *mechanisieren* bekanntlich den Nähvorgang, d. h., Maschinenelemente übernehmen Arbeitsfunktionen von Armen, Händen, Fingern. Welche Funktion übernimmt ein Nähautomat zusätzlich?

___

___

___

2. Ergänzen Sie:

Automatisch gesteuerte Nähvorgänge werden von der Bedienperson ____________ und laufen dann ____________ ab. Die Bedienperson ____________ dann lediglich den Ablauf. Die Steuerung der Maschinenelemente erfolgt durch ____________, das sind ____________, die der Mensch festgelegt hat.

3. Durch den Rationalisierungs- und Flexibilisierungseffekt der Nähautomation sollen u. a. die Hochlohnländer als Standorte der Bekleidungsindustrie gesichert werden.
Für welche Näharbeiten ist automatisiertes Nähen besonders rationell?

___ ___

___ ___

4. Etwa 80 % der Fertigungsschritte zur Bekleidungsherstellung werden heute noch in Handarbeit ausgeführt.
Weshalb ist die Automatisierung von Nähvorgängen mit textilen Werkstoffen besonders schwierig?

___

___

___

___

5. Im einfachsten Fall besteht die Nähautomation im automatischen Ablauf **einzelner** Maschinen- und Nähfunktionen. Geben Sie sechs Beispiele hierfür an.

___ ___

___ ___

___ ___

7.3 Nähautomation

Name:	
Klasse:	Datum:

6. Von **Nähautomaten** spricht man, wenn die Näheinrichtung *spezielle*, meist *abgeschlossene Nähaufgaben* erfüllt. Notieren Sie sechs Beispiele für Nähautomaten.

______________________ ______________________

______________________ ______________________

______________________ ______________________

7. Geben Sie an, aus welchen Hauptteilen ein Nähautomat besteht.

a) ______________________

b) ______________________

c) ______________________

d) ______________________

8. Welche **Steuerverfahren** für Nähautomaten sind beschrieben?

Steuerverfahren	Merkmale
______________________	Die Steuerprogramme liegen verschlüsselt in Form von Zahlen auf elektronischen Datenträgern vor.
______________________	Nachbildungen der zu bearbeitenden Werkstücke in Form von Schablonen sind Träger der Steuerprogramme.
______________________	Metallscheiben mit Steuerprogrammen als Formrillen oder Formränder werden zur Steuerung eingesetzt.

9. a) Welches Steuerungsverfahren erfordert zusätzliche Stell- oder Schrittmotoren als gesonderte Antriebe z. B. für die Bewegung eines Nähguthalters, wie es die nebenstehende Zeichnung zeigt?

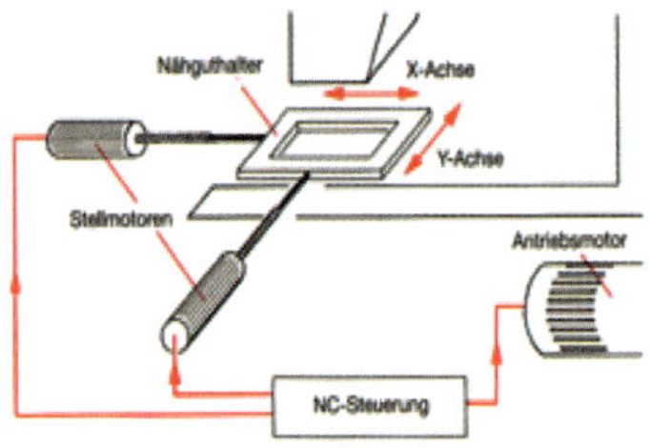

____

b) Weshalb sind diese zusätzlichen Motoren erforderlich?

____

____

____

c) Auf welcher Technik beruht die Nähautomation mit diesem Steuerungsverfahren im Wesentlichen? Kreuzen Sie die richtige Antwort an.

☐ Lasertechnik
☐ Kerntechnik
☐ Mikroelektronik
☐ Solartechnik

7.3 Nähautomation

Name:

Klasse: Datum:

10. Die NC-Steuerung kann zur **CNC-Steuerung** mit Mikrocomputern erweitert sein. Welche zusätzlichen Funktionen sind dann u. a. möglich?

a) ______

b) ______

c) ______

d) ______

e) ______

f) ______

g) ______

11. Sogenannte **„mechanisierte automatisierte Nähplätze"** weisen den höchsten Grad an Mechanisierung und Automatisierung auf.

Wodurch wird dies erreicht?

______

______

Beispiele:

______

12. a) Welche spezielle Nähaufgabe kann dieser Nähroboter erfüllen?

______

______

b) Welchen Einsatz im Bekleidungsbereich könnte er finden?

______

______

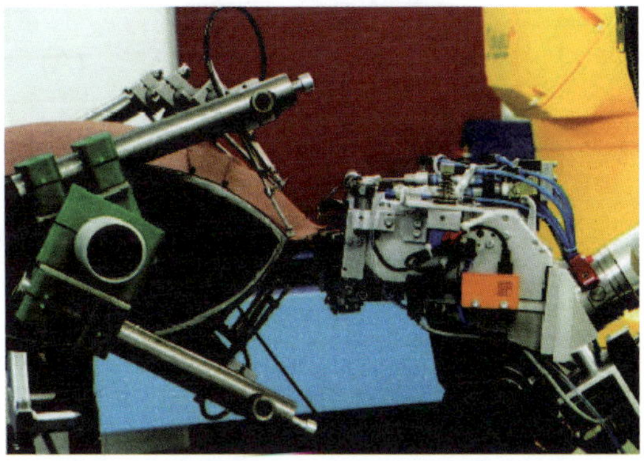

Nähroboter (Foto: Institut für Nähtechnik e. V. (IfN), Aachen und Phillip Moll GmbH & Co. KG, Aachen)

c) Wie heißt eine Variante des Roboternähens?

______

13. Fertigen Sie ein Referat oder eine PowerPoint-Präsentation zum Thema „Das heutige Nähmaschinenangebot für die gewerbliche Bekleidungsfertigung und Textilkonfektion – Eine Übersicht" an. Nutzen Sie dazu auch das Informations- und Bildmaterial unter www.pfaff-industrial.com > *deutsch* > *Maschinenprogramme* und www.duerkopp-adler.de.

7.4 Geräte und Maschinen zum Bügeln und Fixieren

Name:

Klasse: Datum:

1. Wie heißt der Teil des Bügeleisens, der als Kontaktfläche die Bügelwärme auf das Bügelgut leitet? Ergänzen Sie die Beschriftung der nebenstehenden Abbildung mit dem erfragten Begriff.

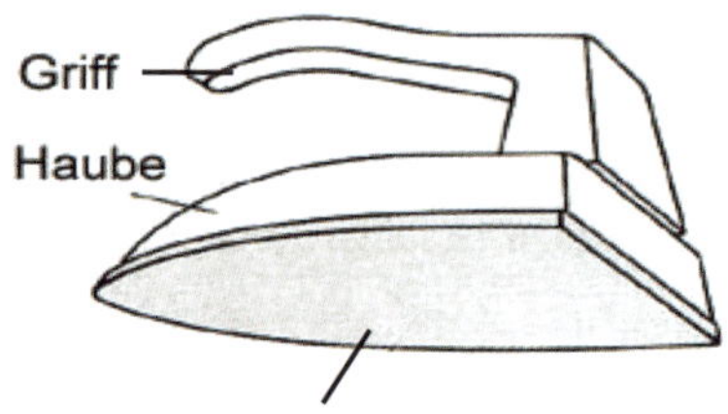

2. Auf welche Weise wird die elektrisch erzeugte Bügelwärme in einem Bügeleisen geregelt bzw. gesteuert?

   a) ______

   b) ______

3. Inwiefern wird der Bügelfaktor „*Druck*“ durch das Bügeleisengewicht beeinflusst?

   ______

4. Wodurch unterscheiden sich die beiden hier gezeigten Bügeleisen hinsichtlich der beim Bügeln meist erforderlichen *Bügelfeuchtigkeit*?

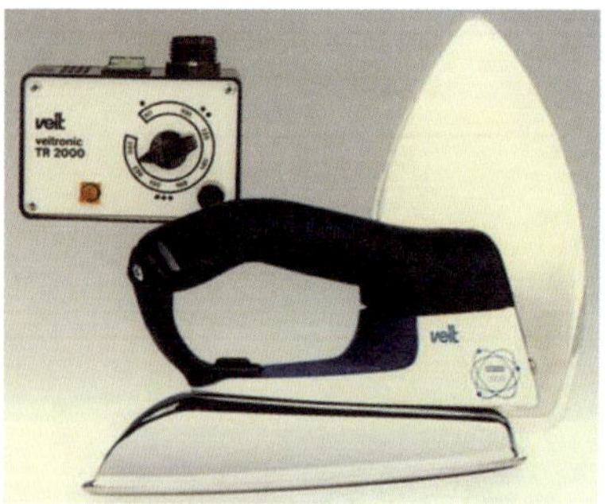
(A)

(Fotos: Veit)

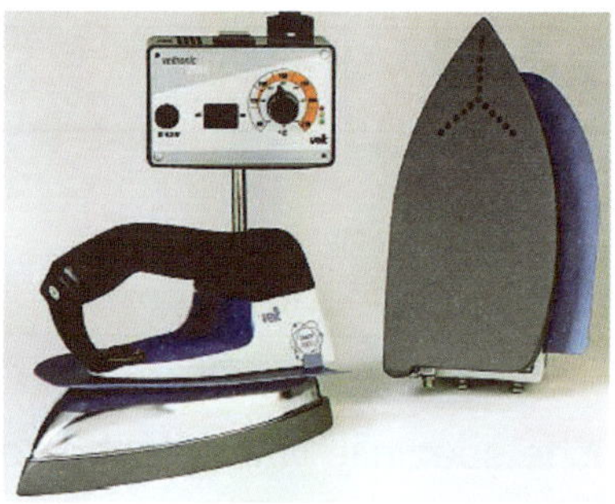
(B)

(A) ______

______

______

______

(B) ______

______

______

______

______

______

7.4 Geräte und Maschinen zum Bügeln und Fixieren

Name:	
Klasse:	Datum:

5. Was ist ein *Niederdruck-* oder *Selbstverdampferbügeleisen*? Kreuzen Sie die richtige Antwort an.

   - ☐ Es kann Wasser auf das Bügelgut sprühen.
   - ☐ Wasserdampf wird dem Bügeleisen zugeführt.
   - ☐ Geringer Bügeldruck durch geringes Bügeleisengewicht
   - ☐ Wasserdampf wird im Bügeleisen erzeugt.

6. Welche beiden positiven Auswirkungen bringt der Einsatz eines Dampfbügeleisens?

   a) ______________________________

   b) ______________________________

7. Ergänzen Sie:

   Bei einem Hochdruck-Dampfbügeleisen wird der Wasserdampf in einem separaten __________ __________ hergestellt, von wo aus er über eine __________ dem Bügeleisen zugeführt wird. Der unter hohem Druck erzeugte __________ ist wesentlich heißer als __________ °C und daher sehr __________, d. h., er ist tropffrei.

8. Notieren Sie wichtige Ausstattungselemente eines Handbügelplatzes.

   a) ______________________________

   b) ______________________________

   c) ______________________________

   d) ______________________________

   e) ______________________________

   f) ______________________________

   g) ______________________________

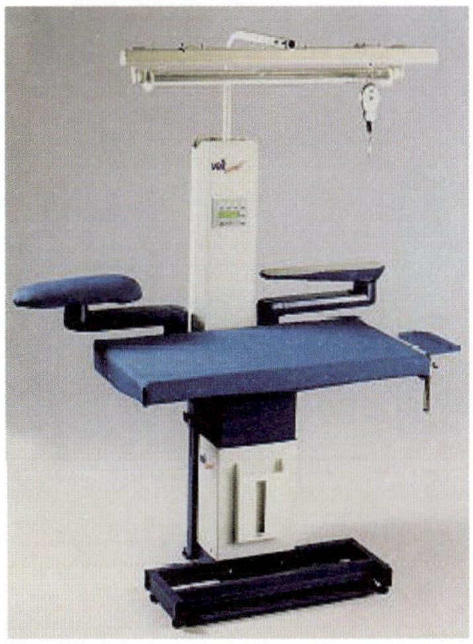

Handbügelplatz (Foto: Veit)

9. Durch welches wesentliche Merkmal unterscheiden sich **Universal**bügelpressen (links) von **Spezial**bügelpressen (rechts)?

   ____

   ____

   ____

   ____

   ____

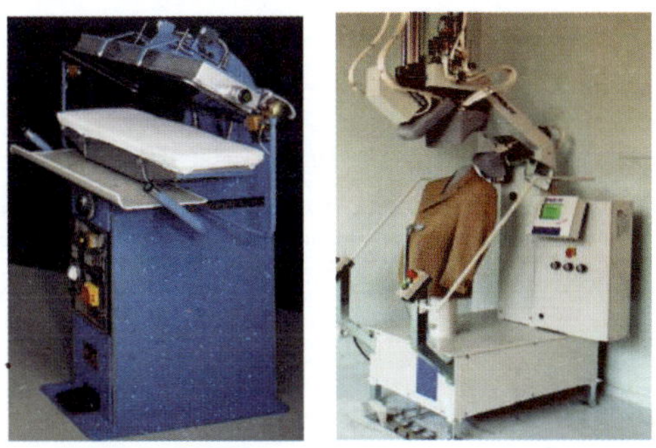

(Fotos: Kannegießer/Veit)

7.4 Geräte und Maschinen zum Bügeln und Fixieren

Name:	
Klasse:	Datum:

10. Was bedeutet es für den Bügelvorgang, wenn Bügelmaschinen *automatisiert* arbeiten?

____

____

____

11. Im Folgenden sind Beispiele für eine spezielle Gruppe von Bügelmaschinen abgebildet.

a) Wie heißen Bügelmaschinen dieser Art? ______________________

b) Solche Bügelmaschinen kommen in den zwei Typen vor, wie sie mit Beispielen hier abgebildet sind. Notieren sie unter den Abbildungen die Bezeichnung des jeweiligen Typs.

(Fotos: Kannegießer/Veit)

______________________ ______________________

c) Welche Aufgaben haben Bügelmaschinen dieser Art, und wie werden diese Aufgaben erfüllt?

____

____

____

____

12. Bei *diskontinuierlich* arbeitenden Fixiermaschinen folgen die notwendigen Arbeitsschritte der Reihe nach (abschnittsweise). Geben Sie die Arbeitsschritte in der richtigen Reihenfolge an:

(1.) ______________ (2.) ______________ (3.) ______________

13. Bei *kontinuierlich* arbeitenden Fixiermaschinen (siehe nebenstehende Abbildung) überlappen sich die Arbeitsschritte zeitlich. Welche drei Maschinen-Stationen durchläuft das Fixiergut auf einem Transportband dabei nacheinander?

(1.) ______________ (2.) ______________

(3.) ______________

Fixierautomat (Foto: Kannegießer)

7.4 Geräte und Maschinen zum Bügeln und Fixieren

Name:	
Klasse:	Datum:

14. Öffnen Sie www.veit-group.com > *Deutsch* und wählen Sie aus der Produktübersicht
a) ein Handbügelgerät, b) eine Bügelpresse und c) einen Formfinisher aus und beschreiben Sie kurz Verwendung, Eigenschaften und technische Daten.

a) ______________________________

b) ______________________________

c) ______________________________

15. Wie wird der Aufbau eines Tunnelfinishers beschrieben?

7.5 Unfallverhütung in der Fertigung

Name:	
Klasse:	Datum:

1. Verhütung von Arbeitsunfällen im Bereich der Fertigung ist Teil des *allgemeinen betrieblichen Arbeitsschutzes*. Welches Ziel hat der Arbeitsschutz?

2. a) Wer ist nach dem **Arbeitsschutzgesetz** für den betrieblichen Arbeitsschutz verantwortlich?

   b) Welche grundsätzlichen Pflichten hat der Arbeit*nehmer* nach dem Arbeitsschutzgesetz?

3. Eine wichtige Maßnahme des Arbeitsschutzes ist die Arbeitssicherheit von Maschinen und technischen Einrichtungen. Welche Bedeutung hat hierbei das europäische CE-Zeichen?

CE

4. Zusätzlich zu dem CE-Zeichen kann sich an Maschinen und technischen Einrichtungen auch eines der hier abgebildeten Zeichen befinden.
   Welche Bedeutung haben diese Zeichen?

GS geprüfte Sicherheit

Euro Test® Certificate issued by Druck und Papierverarbeitung DP 00000

5. Die **Berufsgenossenschaften** sind die Träger der gesetzlichen betrieblichen Unfallversicherung. Sie haben aber auch *Unfall-Vorsorge* zu betreiben. Hierzu zählt die Herausgabe von **Unfallverhütungsvorschriften**.

   a) Welche Unfallverhütungsvorschrift enthält die grundlegenden Vorschriften zum Unfallschutz?

   b) Notieren Sie Beispiele für allgemeine Verhaltensregeln der Arbeitnehmer zum Schutz vor Unfallgefahren.

   a) ______

   b) ______

   c) ______

7.5 Unfallverhütung in der Fertigung

Name:	
Klasse:	Datum:

d) ______________________________

e) ______________________________

f) ______________________________

g) ______________________________

6. Beim Bedienen von Maschinen gehen Gefahren vor allem von *mechanischen Kräften* sowie von *elektrischem Strom*, bei Bügel- und Fixiermaschinen zusätzlich von *Hitze-* und *Dampfeinwirkungen* aus.

   a) Wodurch treten beim Bedienen von Maschinen Gefahren durch mechanische Kräfte auf?

   ____

   b) Welche Vorrichtungen gegen Schäden durch mechanische Einwirkungen sind bei Nähmaschinen besonders wichtig?

   - ______________________________
   - ______________________________

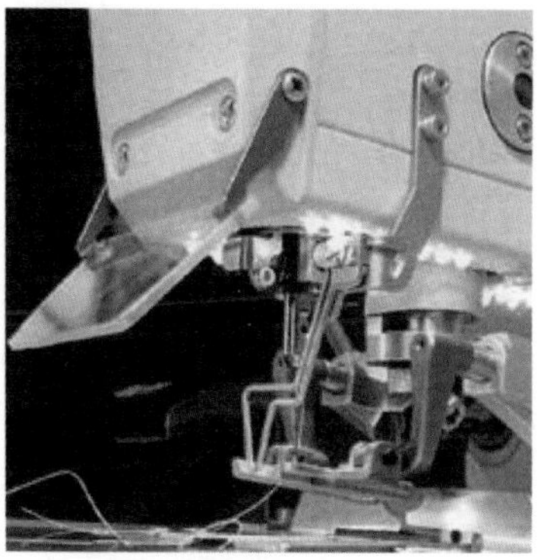

Knopflochmaschine (Foto: Dürkopp Adler)

   c) Was ist zu beachten, *bevor* Spule, Nähfuß, Nadel usw. bei Nähmaschinen gewechselt werden?

   ____

7. Wie kann man Gesundheitsgefahren durch Lärmeinwirkung in der Näherei vermindern?

   a) ______________________________

   b) ______________________________

8. Ergänzen Sie die folgenden Aussagen zur Unfallverhütung in der Bügelei:

   - **Bügeleisen ____________ abstellen.**
   - **Schutzeinrichtungen an Bügelanlagen nicht ____________ machen.**
   - **An Bügelmaschinen mit Zweihandschaltung oder Zweihandbedienung dürfen nie ________ oder ________** Personen gleichzeitig arbeiten.
   - **Absauganlagen für auftretende Hitze und Dämpfe müssen ____________ werden.**

9. Die **Sicherheitskennzeichen** am Arbeitsplatz treten in drei Grundformen auf, als

   Kreis, Dreieck und **Viereck**.

   Die Zeichen sind ferner in verschiedenen Farben mit bestimmter Bedeutung gestaltet:

   Rot, Gelb, Grün, Blau.

7.5 Unfallverhütung in der Fertigung

Name:

Klasse: Datum:

Geben Sie die Bedeutung der jeweiligen Form und Farbe an.

Formen	Farben	Bedeutung
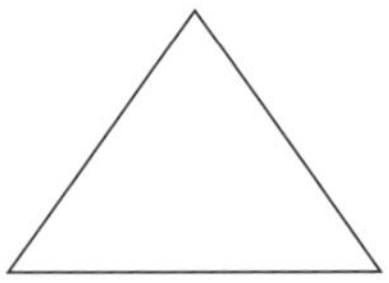	GELB	
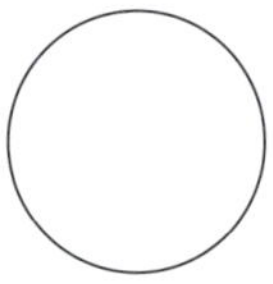	BLAU ROT	
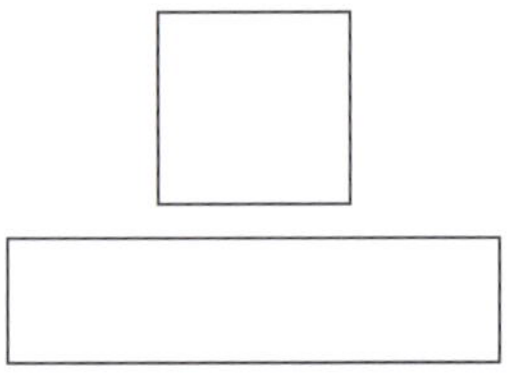	BLAU ROT GRÜN	

10. Was besagen die folgenden Beispiele für Sicherheitskennzeichen am Arbeitsplatz?

Gebot: 

Warnung: 

Verbot: 

Brand-bekämpfung: 

Rettung: 

Verbot: 

Gebot: 

Warnung: 

Hinweis: 

8.1 Produktplanung

Name:	
Klasse:	Datum:

1. Für die Planung der Bekleidungsprodukte gehen Bekleidungshandwerk und Bekleidungsindustrie bisher von völlig unterschiedlichen Voraussetzungen aus. Von welchen?

   Bekleidungshandwerk:

   ____

   ____

   ____

   Bekleidungsindustrie:

   ____

   ____

   ____

   ____

2. Die Bekleidungsindustrie benötigt aufgrund ihrer besonderen Situation im Voraus viele Informationen für ihre Produktplanung.

   a) Woher gewinnt sie diese Informationen? ______________________________

   b) Notieren Sie einige wichtige Informationsquellen. (1) ______________________________

   (2) ______________________________ (3) ______________________________

3. Welche Bedeutung haben **Maßkonfektion** und die Idee der **„Mass Customization"** für die Bekleidungsindustrie? Kreuzen Sie die richtige Antwort an.

   ☐ Rationalisierungseffekt erzielen ☐ Kosten senken

   ☐ Kundenindividuelle Konfektion ☐ Die Produktgestaltung vereinheitlichen

4. Wie bezeichnet man die Konzentration der Bekleidungsindustrie auf die Herstellung von Bekleidungsprodukten für bestimmte Bevölkerungsgruppen? Kreuzen Sie die richtige Antwort an.

   ☐ Zielgruppenorientierung ☐ Marktorientierung

   ☐ Trendorientierung ☐ Kostenorientierung

5. a) Welches Ziel hat das **Marketing** eines Unternehmens?

   ____

   b) Nennen Sie Marketing-Maßnahmen.

   - ______________ • ______________
   - ______________ • ______________
   - ______________ • ______________

8.1 Produktplanung

Name:

Klasse: Datum:

6. a) Was versteht man unter einer **Kollektion** in der Bekleidungsindustrie?

____

____

____

b) Weshalb ist die Bekleidungsindustrie darauf angewiesen, Kollektionen zu erstellen?

____

____

7. Die Kollektionserstellung muss *planmäßig* und *systematisch* erfolgen, z. B. in folgenden Schritten. (Ergänzen Sie die Tabelle durch Einschreiben der Planungsschritte.)

Planungsschritte	Planungsinhalte (Auszüge)
______________ ______________ ↓	Informationen und Anregungen auf Fachmessen, aus Fachzeitschriften, in Fachgesprächen usw. sammeln
______________ ______________ ↓	Modellideen zusammentragen
______________ ______________ ↓	Die Modellideen dokumentieren, Stoffe und Zutaten zuordnen
______________ ______________ ↓	Modellschnitte konstruieren, Erstmodelle herstellen und überprüfen
______________ ______________ ↓	Als Ergebnis von Beratungsgesprächen Modelle auswählen und zusammenstellen
______________ ______________ ↓	Musterstücke anfertigen und besprechen, Kalkulation erstellen
______________ ______________	Besprechung der Modelle mit den Firmenvertretern, Vorstellen der Modelle im Handel

8.2 Modellgestaltung

Name:

Klasse: Datum:

1. Was versteht man bei der Produktgestaltung unter Modell?

____

2. Welche beiden Aufgaben umfasst der Entwurf von Bekleidungsmodellen?

   a) ___________________________________

   ____

   b) ___________________________________

   ____

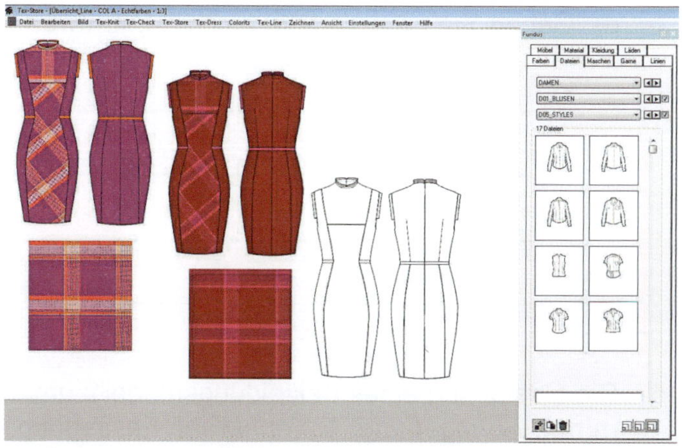

EDV-Entwurf von Bekleidungsmodellen (Foto: Koppermann)

3. Geben Sie drei Verfahren an, wie eine Modellidee dargestellt und dokumentiert werden kann.

   a) ____________________ b) ____________________ c) ____________________

4. Der EDV-Modellentwurf eröffnet interessante Möglichkeiten, z. B. die 3-D-Simulation und ein 3-D-Entwurfssystem.

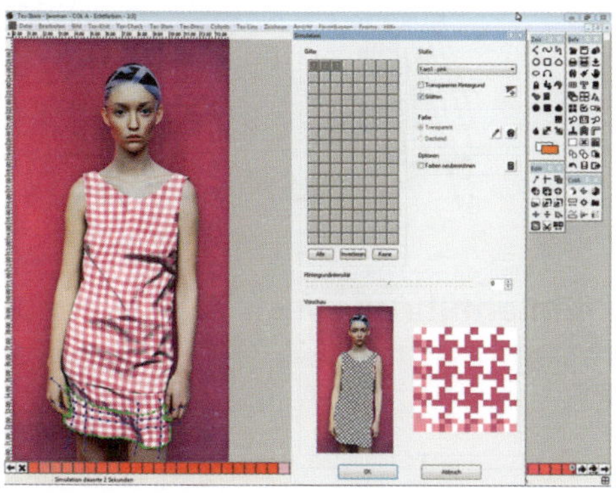

3-D-Simulation eines Bekleidungsmodells (Foto: Koppermann)

   a) Was versteht man unter 3-D-Simulation von Modellentwürfen?

   ____

   ____

   ____

   ____

   ____

   b) Wozu ist die 3-D-Simulation nützlich?

   ____

   ____

   c) Nebenstehend ist eine Anwendungsmöglichkeit der 3-D-Simulation von Bekleidungsmodellen dargestellt. Um welche Anwendung handelt es sich?

   ____

   ____

   ____

(Foto: Koppermann)

8.2 Modellgestaltung

Name:	
Klasse:	Datum:

d) Geben Sie zwei Vorteile eines 3-D-Entwurfsystems gegenüber einem 2-D-System an.

- ______________________________

  ____
- ______________________________

  ____

5. Die Gestaltung eines Bekleidungsmodells umfasst die Anwendung vor allem folgender **Gestaltungsmittel**: *Formgebung, Materialwahl*, Festlegung der *Ausstattung*, des *Ausputzes* sowie der Verarbeitungsqualität.

   a) Was versteht man bei der Formgebung unter Festlegen der **Silhouette**?

   ____

   b) Welche Silhouetten sind hier an Beispielen erkennbar?

   (1) ______________________________

   (2) ______________________________

   (3) ______________________________

(1) (2) (3)

   c) Neben der Silhouette legt die Modellgestaltung auch die **Linienführung** fest. Was versteht man darunter?

   ____

   ____

   ____

   d) Wie nennt man die beiden Prinzipien der Linienführung, die bei den nebenstehenden Abbildungen erkennbar sind?

   (1) ______________________________

   (2) ______________________________

(1) (2)

8.2 Modellgestaltung

Name:

Klasse: Datum:

6. Der „Ausputz“ soll den Bekleidungsartikel schmücken. Notieren Sie praktische Anwendungen dieses Gestaltungsmittels.

______________________ ______________________ ______________________

______________________ ______________________ ______________________

______________________ ______________________ ______________________

______________________ ______________________ ______________________

7. Ein wesentlicher Faktor der Modellgestaltung ist der Modebezug.

   a) Was ist Kleidermode?

   ____

   ____

   b) Im Zusammenhang mit der Kleidermode treten die etwa gleichbedeutenden Begriffe „Stil“, „Linie“ und „Look“ auf. Was ist damit gemeint?

   ____

   ____

   c) Der Gegenbegriff zu Mode ist **Tracht**. Um welche Kleidung handelt es sich dabei?

   ____

   ____

8. Ein Bekleidungsmodell erhält seinen „Stil“ durch eine typische Anwendung der Gestaltungselemente. So entstehen bestimmte Stilrichtungen, z. B. elegant, sportlich, klassisch, romantisch, folkloristisch, extravagant usw.
   Welche Bekleidungsstile sind bei der dargestellten Kleidung erkennbar? Notieren Sie die Stilbezeichnungen unter die Bilder.

______________ ______________ ______________ ______________

9. Informieren Sie sich unter www.koppermann.com > *Lösungsangebot* > *Vermarktung Tex-Store* über virtuelle Textil-Verkaufsräume als Anwendung der 3-D-Simulation.

8.3 Bekleidungsformen

Name:

Klasse: Datum:

1. Es gibt verschieden Möglichkeiten, die Vielfalt der Bekleidungsformen zu gliedern und zu ordnen.

   a) Nach dem allgemeinen Gebrauch lässt sich Damen- und Herrenbekleidung in (a) *Kleidung für das Berufsleben und die Freizeit* sowie (b) *Kleidung für offizielle und festliche Anlässe* einteilen.

   Unter (a) beschriebene Kleidung nennt man: ______________________

   Unter (b) beschriebene Kleidung nennt man: ______________________

   b) Bekleidung kann auch in (a) *formelle* und (b) *informelle Kleidung* gegliedert werden.

   Formelle Kleidung bedeutet: ______________________

   ____

   Informelle Kleidung bedeutet: ______________________

   ____

   c) Charakterisieren Sie die im Folgenden abgebildete Bekleidung mit den unter a) und b) behandelten Begriffen.

• ____________ • ____________ • ____________ • ____________

____________ ____________ ____________ ____________

2. Die Benennung von Kleidung erfolgt nach verschiedenen Merkmalen. Geben Sie jeweils mindestens drei Bekleidungs-Beispiele zu den aufgeführten Benennungsmerkmalen an.

Merkmale der Benennung	**Bekleidungs-Beispiele**
Herkunft	
Form	
Zweckbestimmung	
Trageweise	

8.3 Bekleidungsformen

Name:	
Klasse:	Datum:

Typische Details	______________________________ ______________________________

3. Nebenstehend sind Beispiele für zwei Arten von Kleidern abgebildet.

(1)

(2)

   a) Wie heißen die beiden Arten?

      (1) ______________________________

      (2) ______________________________

   b) Wodurch unterscheiden sich beide Arten? (1) (2)

   ____

   ____

   ____

4. Welche Blusen sind hier abgebildet?

__________ __________ __________ __________

5. Wie heißen die im Folgenden dargestellten Kleidungsstücke?

__________ __________ __________ __________

__________ __________ __________ __________

8.3 Bekleidungsformen

Name:	
Klasse:	Datum:

6. Informieren Sie sich unter www.esprit.com wie E-Commerce (Internethandel) von Bekleidung verläuft. Fertigen Sie zum Thema *„Internethandel* von *Bekleidung am Beispiel von Esprit*" ein Referat oder eine PowerPoint-Präsentation unter Verwendung der Informationen (und ggf. der Illustrationen) der Homepage von Esprit an.

8.4 Funktionen und Gebrauchswert von Kleidung

Name:

Klasse: Datum:

1. Welche Bedeutung die Kleidung für den Menschen hat, ist allein daran erkennbar, dass sie neben Nahrung und Wohnung zu seinen *Grundbedürfnissen* zählt. Im Einzelnen erfüllt Kleidung drei Funktionen:

- **Schutzfunktion**
- **Schmuckfunktion**
- **Kommunikationsfunktion**

Notieren Sie diese drei Funktionen im folgenden Schaubild neben den entsprechenden Symbolen.

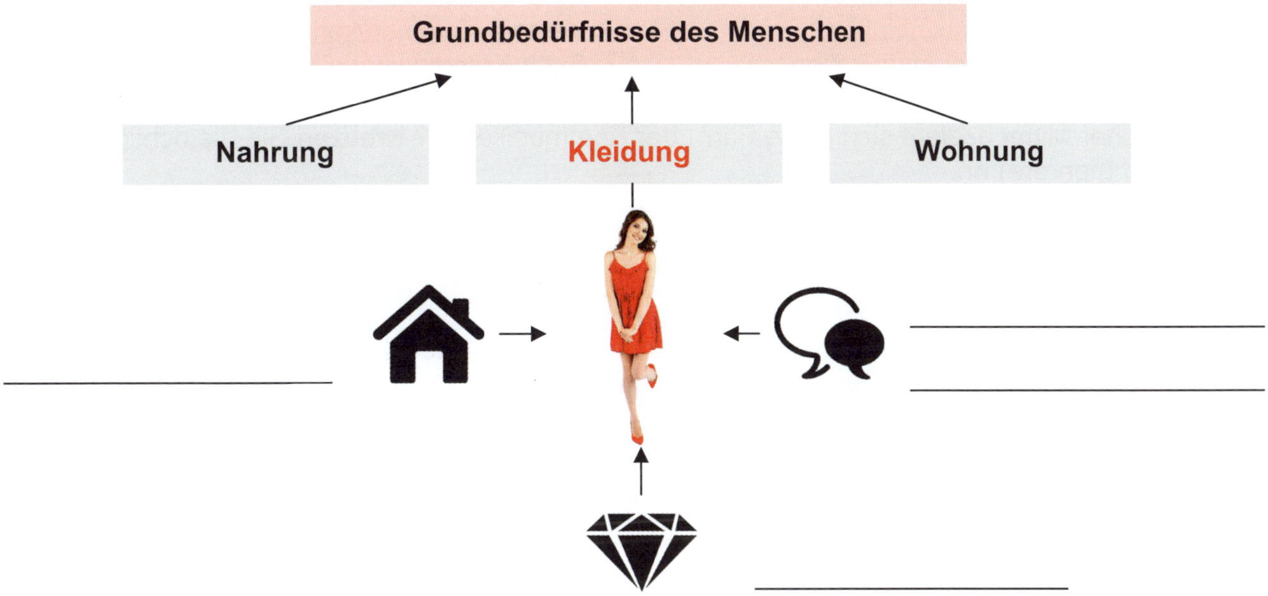

2. Vor welchen Einwirkungen soll Kleidung den menschlichen Körper schützen?

a) ______________________________

b) ______________________________

c) ______________________________

3. Welcher Zusammenhang besteht zwischen der Schmuckfunktion der Kleidung und der Entstehung von Kleidung?

____

____

____

____

4. Nennen Sie ein Beispiel dafür, wie die Kleidung, die ein Mensch trägt, sich auf sein Verhalten auswirken kann.

____

____

5. a) Worin besteht die Kommunikationsfunktion der Kleidung?

8.4 Funktionen und Gebrauchswert von Kleidung

Name:	
Klasse:	Datum:

____

____

b) Wie heißt die spezielle Form der Kommunikation über die Kleidung? Kreuzen Sie die richtige Antwort an.

☐ Sensible Kommunikation
☐ Nonverbale Kommunikation
☐ Verbale Kommunikation
☐ Sach-Kommunikation

c) Welcher Mittel bedient sich diese Form der Kommunikation? Kreuzen Sie die richtigen Antworten (also mehrere) an.

☐ Signale
☐ Zeichen
☐ Sprache
☐ Symbole

6. Im Folgenden sind links Möglichkeiten der Kommunikation über die Kleidung genannt. Notieren Sie jeweils mindestens zwei praktische Beispiele dazu.

Kommunikationsfelder	Beispiele
Mitteilungen über uns selbst an die Mitmenschen senden	
Wünsche signalisieren	
Autorität, Einfluss, Macht ausüben	
Verschleiern und **Täuschen**	

7. Wie jedes materielle Objekt hat auch die Kleidung einen mehr oder weniger hohen **Gebrauchswert**. Ob der Gebrauchswert hoch, weniger hoch oder gering ist, wird allerdings beim selben Objekt von verschiedenen Personen unterschiedlich eingeschätzt. Ursache hierfür ist, dass nur ein Teil des Gebrauchswertes *objektiv* (durch Messen und Prüfen) ermittelt werden kann, es ist der sogenannte **technisch-wirtschaftliche Gebrauchswert**. Ein anderer Teil unterliegt dem Gefallen als Beurteilungsmaßstab, es ist der **gefühlsmäßig-ideelle Gebrauchswert**.

8.4 Funktionen und Gebrauchswert von Kleidung

Name:	
Klasse:	Datum:

Gebrauchswert

Technisch-wirtschaftlicher Gebrauchswert
ermittelt durch
____

Gefühlsmäßig-ideeller Gebrauchswert
ermittelt durch
____

a) Was versteht man unter Gebrauchswert einer Kleidung? Kreuzen Sie die richtige Antwort an.

- ☐ Den Kaufwert
- ☐ Den Wiederverkaufswert
- ☐ Den Nutzen im Gebrauch
- ☐ Den Modebezug

b) Ergänzen Sie das obige Schaubild durch Einschreiben der fehlenden Begriffe.

c) Wieso kann der Gebrauchswert desselben Bekleidungsartikels von verschiedenen Personen (im folgenden Schaubild mit A, B und C bezeichnet) unterschiedlich bewertet werden?

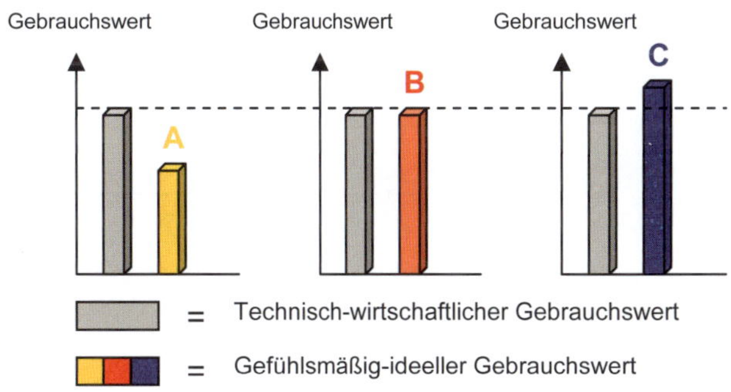

____
____
____
____
____
____
____
____

8. Zur Ermittlung des technisch-wirtschaftlichen Gebrauchswertes können zahlreiche Merkmale des Bekleidungsproduktes in den Blick genommen werden. In der linken Spalte der folgenden Tabelle sind solche Merkmale aufgeführt. Notieren Sie in der rechten Spalte, was darunter zu verstehen ist.

Merkmale von Bekleidungsprodukten	Was sie bedeuten
Physiologisches Verhalten	
Schadstoffbelastung	
Trageverhalten (Tragekomfort)	

8.4 Funktionen und Gebrauchswert von Kleidung

Name:	
Klasse:	Datum:

Dauerhaftigkeit	
Pflegeverhalten	
Repräsentationseigenschaften	

9. a) Welches gemeinsame Ziel haben die Wissenschaftler auf dem Gebiet der Bekleidungsphysiologie sowie die Bekleidungsdesigner und -techniker?

   b) Was bedeutet diese Zielsetzung *praktisch* für die Gestaltung von Bekleidung?

10. Man fasst eine gute physiologische Eignung von Kleidung in der Beurteilung **„hoher physiologischer Tragekomfort"** zusammen. Geben Sie zwei Punkte an, die den physiologischen Tragekomfort eines Bekleidungsproduktes hauptsächlich bestimmen.

   a)

   b)

11. Im Folgenden sind Eigenschaften von Kleidung genannt. Suchen Sie die drei heraus, die in physiologischer Hinsicht wichtig sind:

   Feuchtigkeitsverhalten, Pflegeleichtigkeit, Wärmehaltevermögen, Luftaustauschvermögen, Knitterverhalten, Verarbeitungsqualität

   a)

   b)

   c)

12. Erarbeiten Sie ein Referat zu dem Thema *„Erkenntnisse der Bekleidungsphysiologie und ihre praktische Anwendung"*.

8.4 Funktionen und Gebrauchswert von Kleidung

Name:	
Klasse:	Datum:

13. Beantworten Sie mit den Informationen unter www.hohenstein.de > *Prüfen* > *Überblick Prüfungen* > *Produktperformance* > *Tragekomfort* folgende Fragen:

a) Welche Arbeitsgebiete hat ein Forschungsinstitut wie beispielsweise die Hohenstein Institute im Schwerpunkt Bekleidungsphysiologie?

- ______________________________
- ______________________________
- ______________________________

b) Welche praktischen Hilfen für die Bekleidungsfertigung leitet die Forschung aus ihren Ergebnissen ab?

8.5 Funktionelle Kleidung – „intelligente“ Kleidung

Name:	
Klasse:	Datum:

„Die Zukunft der europäischen Textilwirtschaft liegt nicht in immer niedrigeren Preisen, sondern in immer intelligenteren Produkten.“ (Lisa Pister, EU-Kommission)

Innovative (durch neue Verfahren geschaffene) Textilprodukte werden häufig mit den Begriffen **„funktionell“** und **„intelligent“** verbunden. So spricht man auch von *„funktioneller Kleidung“* und von *„intelligenter Kleidung“*, mit fließenden Übergängen zwischen dem, was man unter beidem versteht.

Funktionelle Kleidung (oder **Funktionskleidung**) besitzt Eigenschaften, die mit modernen Technologien durch besondere Maßnahmen am Produkt oder Vorprodukt geschaffen werden. Diese Eigenschaften ergeben einen *zusätzlichen Nutzen* der entsprechenden Bekleidung, z. B. Schutz vor UV-Strahlen oder elektromagnetischen Wellen, Schmutz und Wasser abweisen, Knitterfreiheit, unangenehme Gerüche verhindern, angenehme Düfte verbreiten und vieles andere mehr.

1. In der folgenden Tabelle sind „funktionelle“ Produkte für Bekleidung genannt. Geben Sie jeweilige Zusatznutzen an, die diese Produkte erbringen:

Funktionelle Produkte	Zusatznutzen
Membran-Laminat 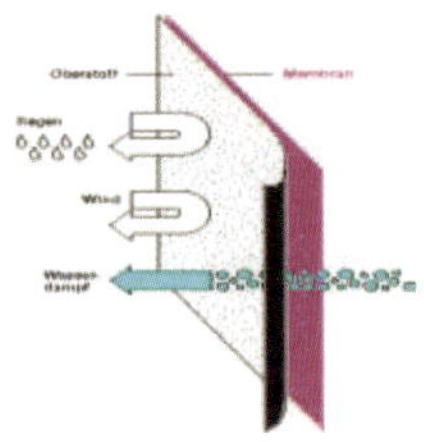	
Beschichteter Stoff 	
Integrierter Maschenstoff 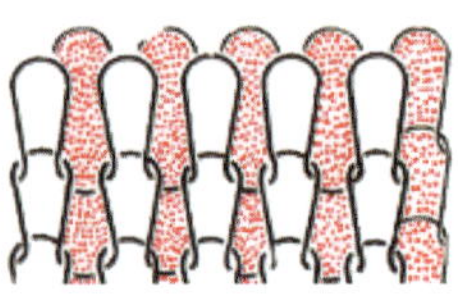	
Mikrofaser-Gewebe 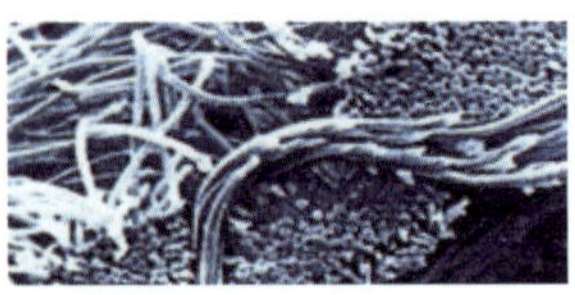	
Abstandstextilien 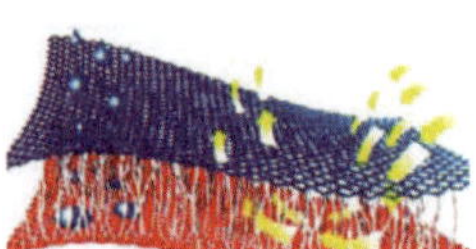	

8.5 Funktionelle Kleidung – „intelligente" Kleidung

Name:	
Klasse:	Datum:

2. Durch welche Maßnahmen können zusätzliche Funktionen (Zusatznutzen) bei Textilprodukten geschaffen werden? Kreuzen Sie die richtigen Antworten (also mehrere) an.

☐ Durch die Auswahl der Faserrohstoffe
☐ Durch die Art der Garn- und Flächenkonstruktion
☐ Durch Ausrüstungsmaßnahmen
☐ Durch zusätzlichen Einsatz von Nicht-Textilien

3. Für welche Zusatznutzen bei Textilien werden folgende Technologien eingesetzt?

a) Bondieren: ______________________________

____

b) Kapseltechnologie: ______________________________

____

c) Nanotechnologie: ______________________________

____

Intelligente Kleidung (Smart Clothes) beinhaltet ganz spezielle Funktionen, nämlich solche, die auf *Sensortechnik* und *Mikroelektronik* basieren. Man spricht daher auch von *„Intelligenter Funktionskleidung"* und *„Wearable Electronics"* (d. h. in Kleidung integrierte Elektronik). Eine andere Bezeichnung lautet *„High-Tech-Fashion"* (Hochtechnologie-Kleidung).

Intelligente Kleidung mit ihrer integrierten Elektronik bildet eine „ideale Schnittstelle" (weil körpernah, ständig verfügbar, mobil usw.) zwischen dem Menschen und seiner Umwelt. Das Anwendungsspektrum intelligenter Kleidung ist auf die ganze Leistungsfähigkeit elektronischer Mittel ausgelegt:

- **Information/Kommunikation** (umfassend, weltweit, beliebig, mobil)
- **Interaktion/Steuerung** (naher und ferner Vorgänge; automatische Steuerung)
- **Statusermittlung** (Ortung; Zustände erfassen, analysieren, überwachen, dokumentieren, z. B. Gesundheitszustände)

Die praktische Umsetzung dieser Funktionen bedeutet für die Kleidung u. a.:

- Integration von *Mobiltelefon, Fernbedienungen, Freisprechanlage, Audio-Modulen* (z. B. für MP3-Player), *Computer, Bildübertragung* usw. in Kleidung für Beruf und Privatleben

- Integration von *Pulsmesser, Temperatursensoren, Notruf, Identifikation, Kompass* usw. in Sportkleidung, Schutzkleidung, Kleidung für Kranke, Behinderte und Senioren

Pulsmesser in Sportkleidung (Foto: Infineon)

8.5 Funktionelle Kleidung – „intelligente" Kleidung

Name:	
Klasse:	Datum:

- **Steuerbarkeit (aktiv oder automatisch) von Bekleidungsfunktionen, z. B.** *aktivierbare Bekleidungsoberflächen* zur Steigerung des Wohlbefindens („massierende" Kleider), *beheizbare* und *kühlende* Jacken, *aktive Unterstützung der Temperaturregelung des Körpers* durch automatische Anpassung an die Umgebungstemperatur.

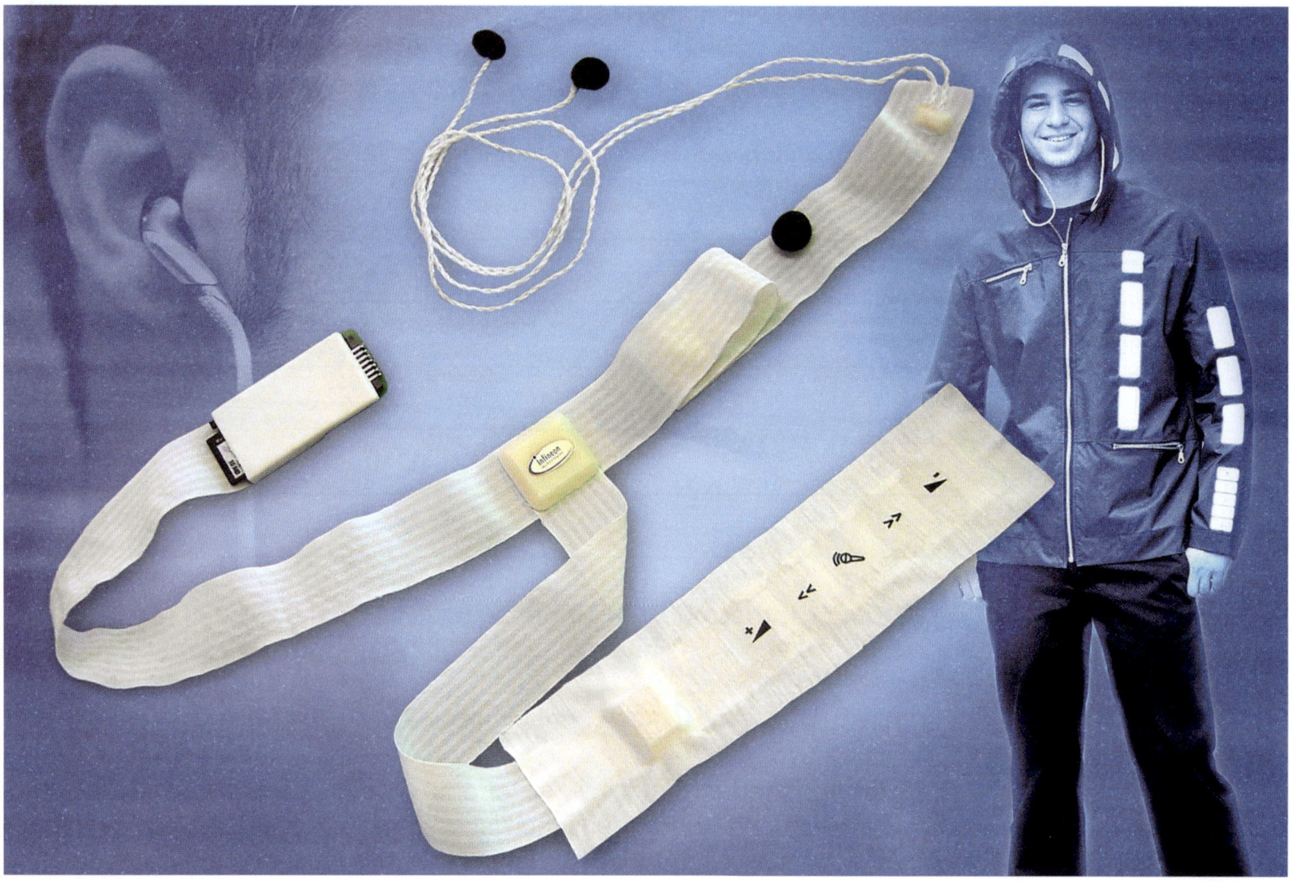

Audio-Elektronik für Kleidung: Audio-Chip-Modul, Batterien/Multimediacard, Kopfhörer, Mikrofon, flexible Sensortastatur (Foto: Infineon)

Kleidungsstücke dieser Art sind als Prototypen schon vorhanden, ansatzweise ist intelligente Kleidung bereits auf dem Markt. Ein Beispiel für einen solchen Prototypen ist der „*Multimediale Schal*".

Er enthält einen Computer, einen Touchscreen, ein Mikrofon, zwei Lautsprecher, eine Webcam und Batterien. An diesem Beispiel wird auch deutlich, dass die Kleidung aus ihrer bisherigen passiven (weil nonverbalen) Kommunikationsfunktion herauswächst und sich zur „kommunizierenden Kleidung" entwickelt.

Um dies im Zusammenhang mit Kleidung realisieren zu können, müssen die Sensoren und elektronischen Teile den besonderen Bedingungen von textilem Material (Flexibilität, geringe Dicke, geringes Gewicht, Waschbarkeit usw.) angepasst sein. So wurden u. a.

- **besonders kleine und flache Bauteile (Chips und Sensoren) sowie spezielle Bauteile-Gehäuse zum Einnähen konzipiert,**
- **Strom leitende Fäden als Leiterbahnen für die elektronischen Verbindungen in die Stoffe eingewebt,**
- **textile Bedienungselemente (Tastaturen, Mehrfachtaster, Touchpads mit leitfähigen textilen Oberflächen) entwickelt,**
- **Lichtleitergewebe für textile Bildschirme geschaffen,**
- **ein Thermogenerator erfunden, der Körperwärme in elektrischen Strom zur Energieversorgung der elektronischen Systeme in der Kleidung umwandelt.**

Sonderanfertigung von Jacken mit eingebauten Elektronikkomponenten (beispielsweise GPS-Sender z. B. für Kuriere und Fahrradkuriere). Im Bild eine wetterfeste Jacke mit integriertem MP3-Player, der sich über flexible, eingenähte Druckknöpfe steuern lässt.

8.5 Funktionelle Kleidung – „intelligente“ Kleidung

Name:	
Klasse:	Datum:

4. a) Was versteht man unter „intelligenter Kleidung“?

____

____

b) Wie nennt man solche Kleidung noch?

____

5. Wieso gilt Kleidung als „ideale Schnittstelle“ zwischen Mensch und seiner Umwelt und daher für die Integration von Elektronik besonders geeignet?

____

6. Die folgenden Begriffe umschreiben das Leistungsspektrum der elektronischen Mittel in der Kleidung:

**Information, Kommunikation, Interaktion,
Steuerung, Statusermittlung**

Ordnen Sie diese Begriffe den Beispielen der Tabelle für Elektronikeinsatz in intelligenter Kleidung zu.

Elektronik in Kleidung (Beispiele)	Anwendungsspektrum
Handy	______________
Pulsmesser	______________
Computer	______________
Notruf	______________
Temperaturausgleich	______________
Bildübertragung	______________
Stoffoberflächen aktivieren (zur Massage)	______________

7. Inwiefern müssen die Sensoren und Elektronikteile dem textilen Charakter der Kleidung angepasst sein?

____

____

____

8.6 Sonstige Werkzeuge und Geräte

Name:

Klasse: Datum:

1. (Geben Sie an, wozu die im Folgenden genannten **Messwerkzeuge** besonders geeignet sind. Nennen Sie auch je ein Beispiel.

   a) **Maßband:** ______________________________

   ____

   ____

   b) **Messstab** (Metall, Holz, Kunststoff): ______________________________

   ____

   c) **Handmaß** (Holz, Metall, Kunststoff): ______________________________

   ____

2. Auf welche Messwerkzeuge treffen diese Eigenschaften zu:

   a) Meist 1 m lang: ______________________________

   b) Biegsam: ______________________________

   c) 20–30 cm lang: ______________________________

3. Welche Messwerkzeuge sind hier abgebildet?

   a) ______________________ b) ______________________

4. Welche Zeichen- bzw. Markierwerkzeuge sind hier gemeint?

   a) Überträgt Linien (z. B. Schnittlinien) auf Papier und festen Stoff: ______________________

   b) Dient zum Festlegen gleichmäßiger Längen von Röcken u. Ä.: ______________________

   c) Vor allem zum Zeichnen auf Stoff geeignet: ______________________

5. Welches Zeichenhilfsmittel ist hier dargestellt?

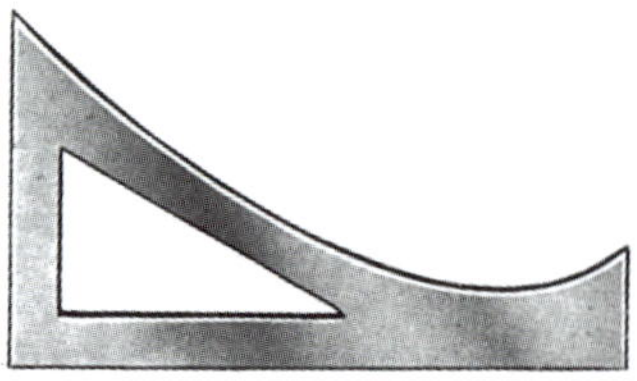

   ____

8.6 Sonstige Werkzeuge und Geräte	Name:	
	Klasse:	Datum:

6. Beschriften Sie die Bauteile der hier abgebildeten Schere:

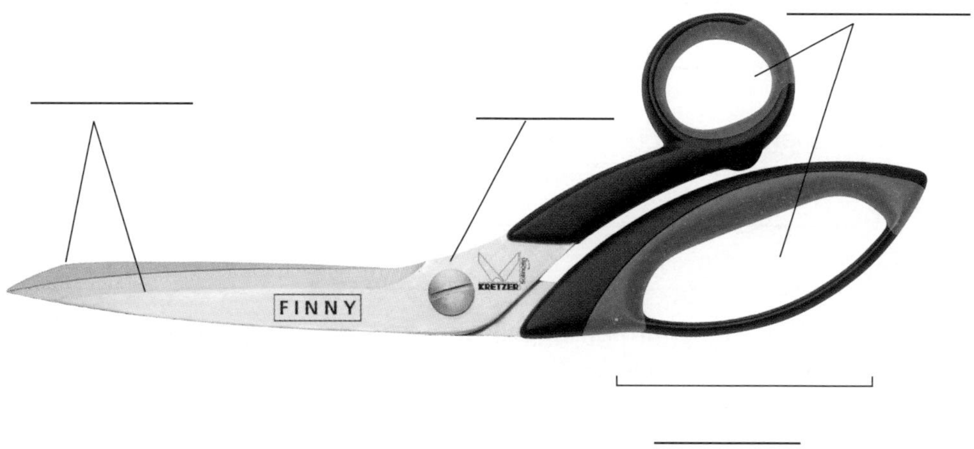

7. Nennen Sie fünf verschiedene Scherenarten:

(1) ______

(2) ______

(3) ______

(4) ______

(5) ______

8. Welche Trennwerkzeuge sind hier abgebildet?

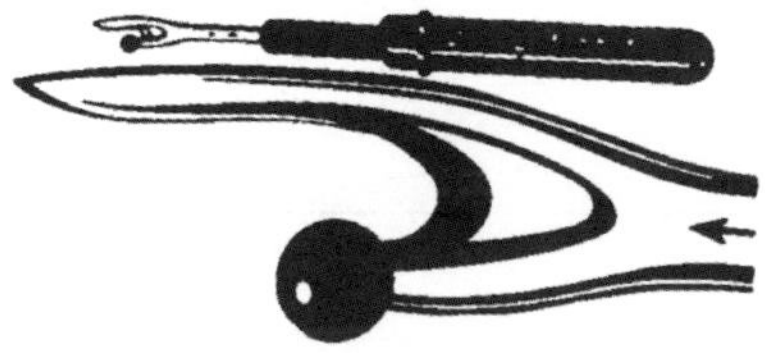

8.6 Sonstige Werkzeuge und Geräte

Name:	
Klasse:	Datum:

9. Notieren Sie zwei Regeln für den unfallfreien Umgang mit Scheren und Trennwerkzeugen:

(1) ______________________________

(2) ______________________________

10. Geben Sie an, in welchen **Längen** und **Stärken** Handnähnadeln vorkommen:

Längengruppen: ______________________________

Stärken-Nummern: ______________________________

11. Im Folgenden sind zwei Hilfsmittel dargestellt, die beim Handnähen den schiebenden Finger vor Verletzungen schützen können. Notieren Sie die richtige Bezeichnung zur jeweiligen Abbildung.

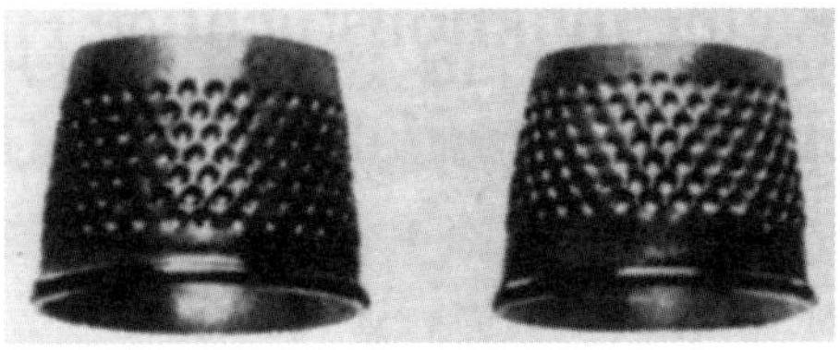

____

____

12. Notieren Sie zwei Maßnahmen zum unfallverhütenden Umgang mit Nadeln (Näh- und Stecknadeln).

(1) ______________________________

____

(2) ______________________________

13. Welchen Sinn macht der schonende Umgang, die sachgerechte Aufbewahrung und eine angemessene Pflege der Werkzeuge?

(1) ______________________________

(2) ______________________________

(3) ______________________________

8.7 Schweißen und Kleben

Name:	
Klasse:	Datum:

1. Im Folgenden werden drei im textilen Bereich verwendete **Fügetechniken** bildlich veranschaulicht.

   a) Notieren Sie die richtigen Bezeichnungen zu den Abbildungen:

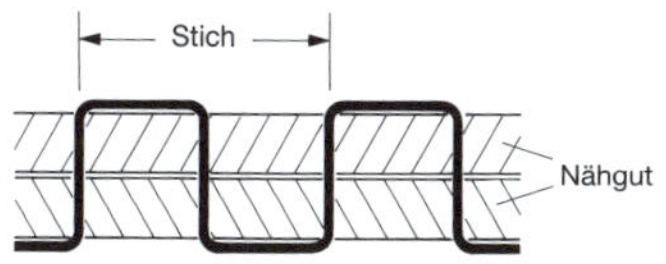

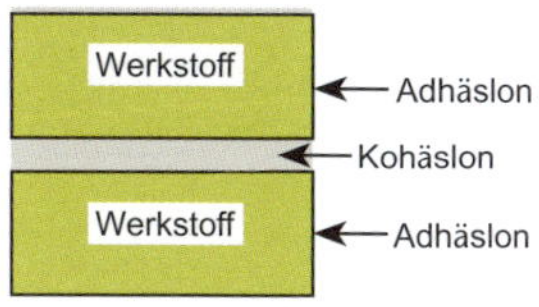

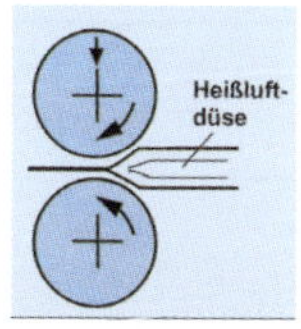

(1) ____________ (2) ____________ (3) ____________

   b) Die Materialteile werden bei den obigen Fügetechniken entweder **„kraftschlüssig"** oder **„stoffschlüssig"** zusammengehalten. Geben Sie an, welcher Verbindungstyp jeweils zutrifft:

(1) ____________

(2) ____________

(3) ____________

   c) Was bedeutet bei Verbindungen im textilen Bereich:

a) **kraftschlüssig?** ____________

____

____

b) **stoffschlüssig?** ____________

____

____

   d) Welche dieser Verbindungen ist in der Regel ohne Zerstörung/Beschädigung der verbundenen Materialien lösbar?

____

2. Ergänzen Sie den folgenden Satz:

Das textile Schweißen ist eine ____________, bei der thermoplastische textile Werkstoffteile an der ____________ durch ____________ erweicht und unter ____________ zusammengefügt werden.

8.7 Schweißen und Kleben

Name:	
Klasse:	Datum:

3. Welche thermoplastischen textilen Werkstoffe sind schweißbar?

4. Die zum textilen Schweißen verwendeten **Schweißmaschinen** arbeiten nach einem der folgenden **Schweißverfahren**:

- **Heißkeilschweißen**
- **Ultraschallschweißen**
- **Heißluftschweißen**
- **Laserschweißen**

a) Wodurch unterscheiden sich diese Verfahren grundsätzlich voneinander?

b) Im Folgenden sind drei dieser Verfahren schematisch veranschaulicht (nach Pfaff). Notieren Sie jeweils das gezeigte Schweißverfahren.

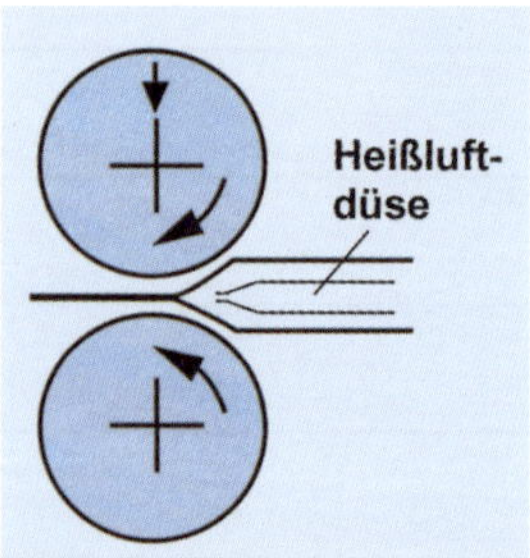

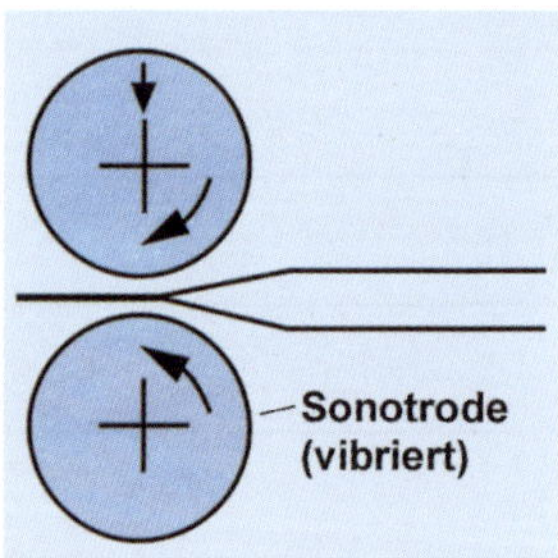

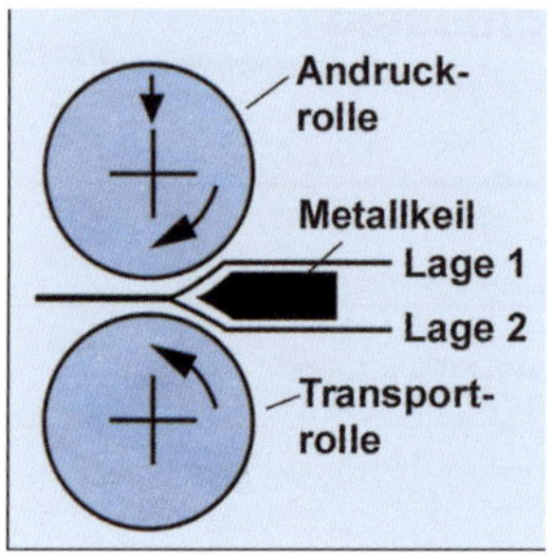

5. Welche besonderen Eigenschaften haben Schweißnähte nach dem Erkalten?

6. Nennen Sie Anwendungen des Schweißens im Bekleidungsbereich:

8.7 Schweißen und Kleben

Name:	
Klasse:	Datum:

7. Die genähten Nähte von Wetterschutz-, Arbeits-, Sport- und Outdoorkleidung lassen sich mithilfe der Schweißtechnik wasserdicht machen. Wie geschieht dies?

___

8. Geben Sie Anwendungen des Klebens im textilen Bereich an:

___

___

9. In welchen textilen Einsatzbereichen wird die Klebetechnik verwendet?

___

___

10. Notieren Sie drei Faktoren, die in ihrem Zusammenwirken für die Qualität einer Klebeverbindung wichtig sind:

(1) ___

(2) ___

(3) ___

11. Von besonderer Bedeutung für das Kleben sind Art und Eigenschaften des Klebstoffs. Inwiefern?

___

___

___

12. Welche Klebstoffe spielen im textilen Bereich eine große Rolle?

___

___

## 8.7 Schweißen und Kleben	Name:	
	Klasse:	Datum:

13. Beschreiben Sie kurz das Klebeverfahren mit Hotmelts:

14. In der 1. Aufgabe dieses Arbeitsblattes war von den beiden Verbindungstypen „kraftschlüssig“ und „stoffschlüssig“ die Rede gewesen. Es gibt einen dritten Verbindungstyp.

 a) Recherchieren Sie im Internet, und notieren Sie diesen dritten Typ in der folgenden Aussage:

 Werksstoffverbindungen erfolgen durch **Kraftschluss, Materialschluss** oder

 ____

 b) Finden Sie Beispiele für das Vorkommen dieses dritten Verbindungstyps im Bereich der Textilverarbeitung:

 Welche Eigenschaft muss der von Ihnen genannte Verbindungstyp für diese Anwendungen haben und warum muss er diese Eigenschaft haben?

9.1 Die körperlichen Grundlagen

Name:	
Klasse:	Datum:

Jacke aus Pappelflaum
Foto: Pap(p)illon

1. Die körperlichen Gegebenheiten sind die Grundlage jeder Bekleidungsfertigung. Erläutern Sie diese Aussage.

____

____

____

____

2. Notieren Sie sechs Körpermerkmale, die Bekleidungsfertigung berücksichtigen muss.

a) ____

b) ____

c) ____

____

d) ____

____

e) ____

____

f) ____

____

3. Die nebenstehende Abbildung veranschaulicht eines der Merkmale des Körpers, das für die Bekleidungsfertigung von Bedeutung ist.

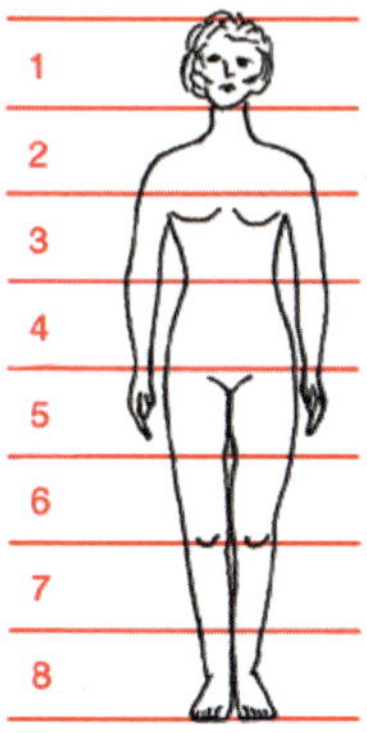

a) Welches Merkmal wird veranschaulicht?

____

____

b) Was versteht man allgemein unter Proportionslehre?

____

____

____

c) Welches spezielle Verfahren (Proportionssystem) ist hier auf den Körper angewendet worden?

____

9.1 Die körperlichen Grundlagen

Name:

Klasse: Datum:

d) Welcher Körperabschnitt wird hier als „Maßstab“ benutzt?

____

e) Welche praktische Bedeutung für die Bekleidungsfertigung hat die Anwendung eines solchen Proportionssystems auf den menschlichen Körper?

____

____

____

4. a) Wie heißt das Proportionssystem, das durch die nebenstehende Zeichnung und die folgende Formel ausgedrückt wird?

AE : BE = BE : AB

____

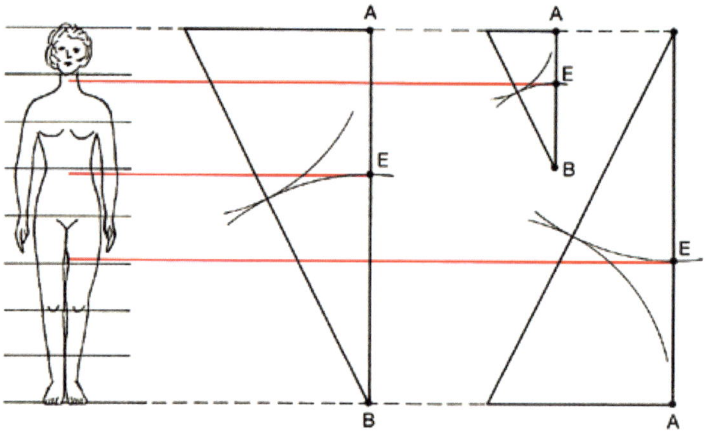

b) Was bedeutet diese Regel?

____

____

____

____

c) Welche Bedeutung hat dieses Proportionssystem für die Bekleidungsfertigung?

____

____

____

____

5. Die folgenden Angaben beziehen sich auf

- die normale **Frauenfigur** oder
- die **kindliche Figur**
- die normale **Männerfigur** oder
- den **Körpertyp**.

Notieren Sie den zutreffenden Figur- oder Körpertyp zu den Angaben in der nachstehenden Tabelle.

9.1 Die körperlichen Grundlagen

Name:	
Klasse:	Datum:

Merkmale	Typen
Leptosom, athletisch, pyknisch	
Große Kopflänge im Vergleich zur Körperhöhe	
Eher zierliche Glieder und breites Becken	
Eher breite Schultern und große Körperhöhe	

6. Jede Bekleidungsfertigung geht von den Körpermaßen aus.

a) Notieren Sie die Bezeichnung der *herkömmlichen* Methode zur Ermittlung der Körpermaße und beschreiben Sie sie kurz.

b) Die nebenstehende Abbildung zeigt eine *neuere* Methode zur Ermittlung der Körpermaße und ihr Arbeitsergebnis. Wie wird sie bezeichnet und wie wird sie durchgeführt?

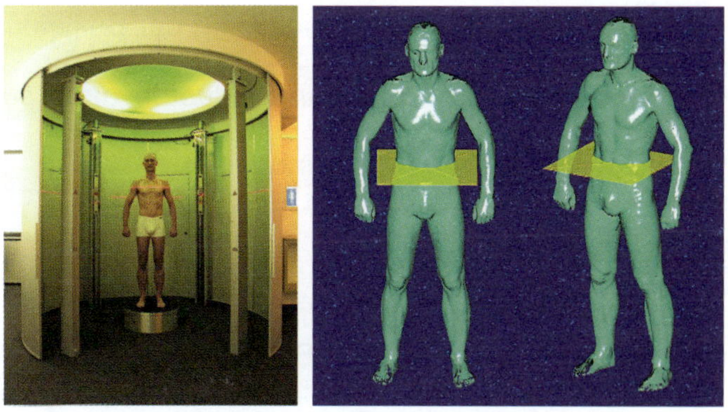

Foto: HUMAN SOLUTIONS GmbH, Kaiserslautern

7. Welche normierten Körpermaße werden hier durch die Angabe ihrer Messposition dargestellt? Notieren Sie die Maßbezeichnungen unter die Abbildungen.

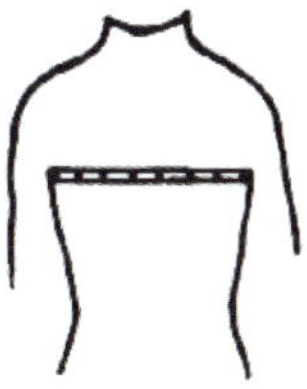
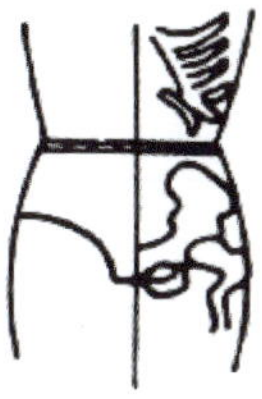

9.2 Schnittgewinnung

Name:

Klasse: Datum:

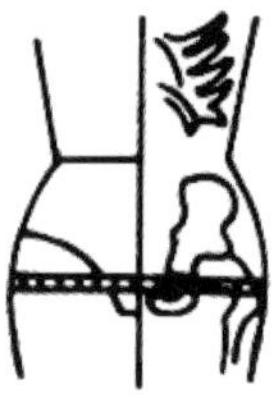  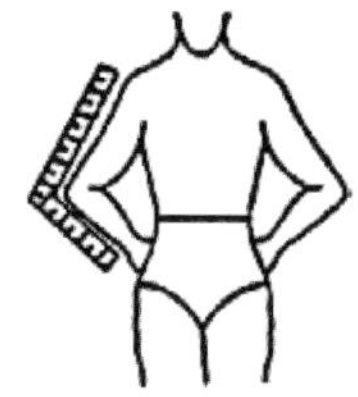 

______ ______ ______ ______

Abbildungen nach DIN EN 13402-1, DIN Deutsches Institut für Normung e. V.

8. Bei der Ermittlung der Körpermaße können außer den Maßen selbst weitere, für die Passform der zu fertigenden Kleidung wichtige Erkenntnisse und Daten gewonnen werden. Welche?

   a) ______

   b) ______

9. Ergänzen Sie:

   Zur Ermittlung der Körpermaße steht im Bekleidungshandwerk die/der ______ persönlich zur Verfügung. Dies ist in der Bekleidungsindustrie in der Regel ______ der Fall. Deshalb fertigt die Bekleidungsindustrie nach sogenannten ______. Die hier zugrunde liegenden Körpermaße sind durch ______ als Durchschnittsmaße ermittelt worden.

10. Wie werden die zu einer Bekleidungsgröße gehörenden Körpermaße zur einfachen Handhabung kurz ausgedrückt? Notieren Sie auch je drei Beispiele.

    ______ Beispiel DOB: ______

    Beispiel HAKA: ______ Beispiel Miederwaren: ______

11. a) Welche Maßangaben dienen der Identifikation einer bestimmten Bekleidungsgröße?

    ______

    b) Die betreffenden Maßangaben sind:

    in der DOB: ______

    in der HAKA: ______

12. Eine Liste zusammengehöriger Bekleidungsgrößen nennt man ______

9.2 Schnittgewinnung

Name:

Klasse: Datum:

1. a) Wie bezeichnet man Stoffteile dieser Art im Zuge der Bekleidungsfertigung?

____

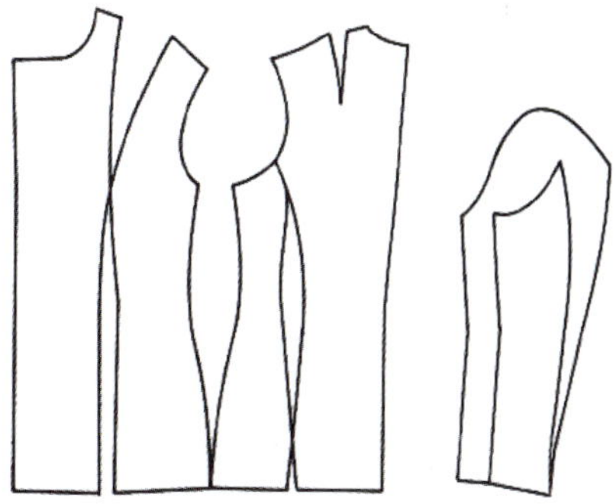

b) Wonach richten sich Form und Zahl dieser Teile?

____

____

c) Was geschieht im weiteren Verlauf der Bekleidungsfertigung mit diesen Teilen?

____

____

d) Weshalb muss man den Stoff zunächst in solche Teile zerlegen?

____

____

e) Welche beiden Verfahren zur Gewinnung geeigneter Stoffteile unterscheidet man? Unterstreichen Sie auch das weitaus bedeutendste der beiden Verfahren.

____

2. Ergänzen Sie:

Unter *herkömmlicher* Schnittkonstruktion versteht man die Gewinnung von Schnittteilen durch ______________ und manuelles ______________. Das Ergebnis heißt ______________.

Nach ihr werden die Schnittteile dann aus ____________ ausgeschnitten.

3. Die herkömmliche Schnittkonstruktion kann nach verschiedenen Konstruktionsverfahren oder -systemen erfolgen. Wodurch unterscheiden sich diese? Kreuzen Sie die richtigen Antworten (also mehrere) an.

- ☐ Durch die Art des verwendeten Zuschnittpapiers
- ☐ Durch das zugrunde gelegte Proportionssystem
- ☐ Durch die angewandten Berechnungsformeln
- ☐ Durch die angewandten Konstruktionsformeln

4. Bei der herkömmlichen Schnittkonstruktion unterscheidet man drei Stufen (die dritte Stufe nur in der Bekleidungsindustrie). Ihre Ergebnisse sind in der linken Spalte der folgenden Tabelle aufgeführt. Erklären Sie in der rechten Spalte kurz, was die Begriffe bezeichnen.

Stufen herkömmlicher Schnittkonstruktion	**Erläuterungen**
1. Grundschnitt	

9.2 Schnittgewinnung

Name:	
Klasse:	Datum:

2. Modellschnitt	
3. Konfektionsschnitt	

5. Die nebenstehende Abbildung zeigt das Ergebnis einer zweiten Form der Schnittkonstruktion.

   a) Um welche Form handelt es sich?

   b) Die hierzu verwendeten Programme sind CAD-Programme. Was bedeutet diese Abkürzung?

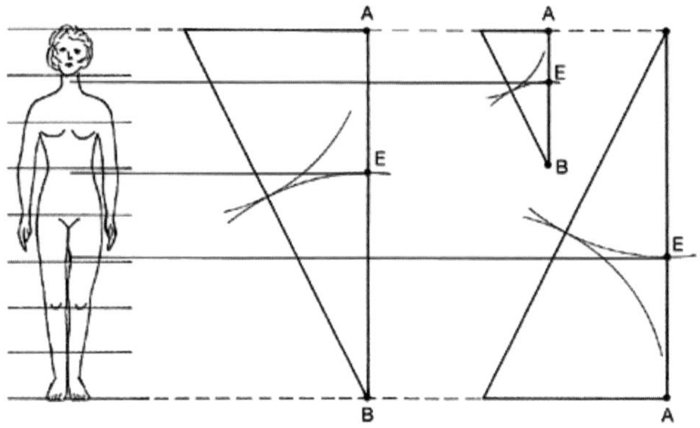

Foto: HUMAN SOLUTIONS GmbH, Kaiserslautern

6. Auf welche Weise lässt sich eine EDV-gestützte *automatische* Schnittgewinnung erzielen?

7. Wie nennt man die aus dauerhaftem Material (Pappe, Kunststoff u. a.) hergestellten Duplikate der Papier-Schnittteile? Kreuzen Sie die richtige Antwort an.

☐ Schnittvorlagen
☐ Schnittmuster
☐ Schnittschablonen
☐ Nachschnitte

8. Welche Aufgaben im Zusammenhang mit der EDV-gestützten Schnittkonstruktion übernimmt ein Plotter?

9. Was versteht man bei der Schnittgewinnung unter **Gradieren**?

9.3 Zuschnittvorbereitung

Name:

Klasse: Datum:

10. Was verändert sich an den Schnittteilen beim Gradieren, was bleibt unverändert?

____

____

11. Nebenstehend ist am Beispiel von Vorderteilen das Ergebnis des Gradierens dargestellt.

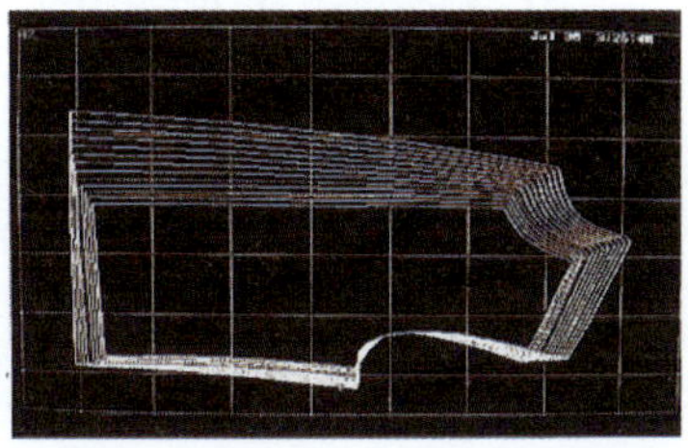

a) Wie heißt die Zusammenstellung der gewonnenen neuen Größen des Modells?

____

b) Wie werden die Maßdifferenzen von Größe zu Größe bezeichnet? ____________________

12. Welche Möglichkeit des Gradierens belegt die nebenstehende Abbildung?

____

13. Das Gradieren gilt als *starres* Verfahren zur Umsetzung eines Modells auf verschiedene Größen, das in Grenzfällen problematisch für die Passform werden kann. Leistungsfähige CAD-Programme ermöglichen es heute, die Sprungwert-Methode zu ersetzen. Wodurch?

____

____

____

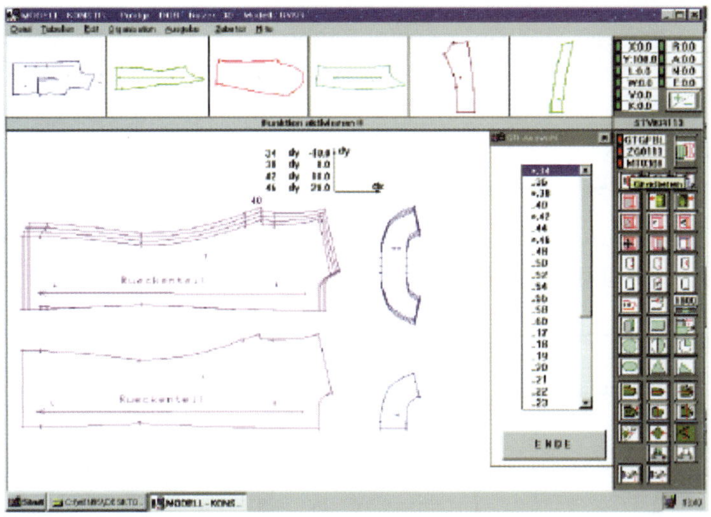

Foto: CAD cutting line

14. a) Was versteht man unter Digitalisieren?

____

____

b) Unter welchen Umständen ist diese Maßnahme erforderlich?

____

____

c) Mit welchem Verfahren lässt sich das gleiche Ergebnis einfacher und rascher erreichen?

____

____

9.3 Zuschnittvorbereitung

Name:

Klasse: Datum:

Bei der Schnittgewinnung geht es um die Formgebung der Schnittteile eines Bekleidungsmodells. Das Ergebnis wird in Form einer *Schnittzeichnung* oder (bei EDV-Einsatz) als *digitale Datensätze* festgehalten. Bevor die Schnittteile aus dem Stoff ausgeschnitten werden können, bedarf es aber noch vorbereitender Arbeiten mit den Schnittteilen und dem Stoff.

1. a) Was geschieht mit den Schnittteilen eines Bekleidungsmodells zur Zuschnittvorbereitung?

   ____

   ____

   b) Wie nennt man das Ergebnis?

   ____

   c) Welche beiden Hauptforderungen muss dieses Ergebnis möglichst gut erfüllen?

   ______________ ______________

2. Ergänzen Sie:

   Wegen der unterschiedlichen ______________ der Stoffe sind mehrere ______________ entwickelt worden. Die beiden Hauptarten sind ______________ und ______________.

3. Notieren Sie unter den Darstellungen der beiden Haupt-Schnittbildarten deren zutreffende Bezeichnung und ihr charakteristisches Merkmal.

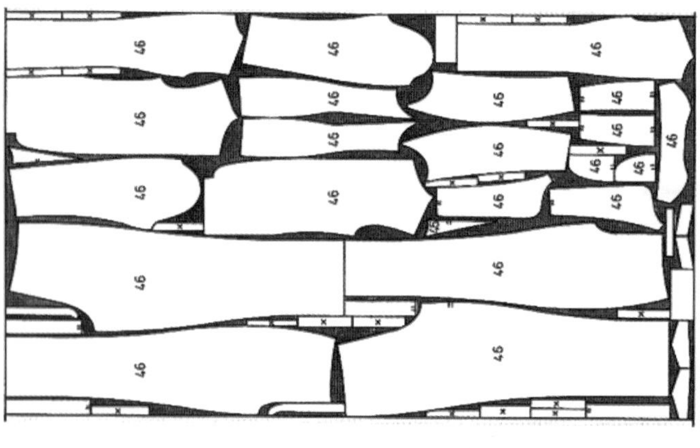

____

Merkmal: ______________________________

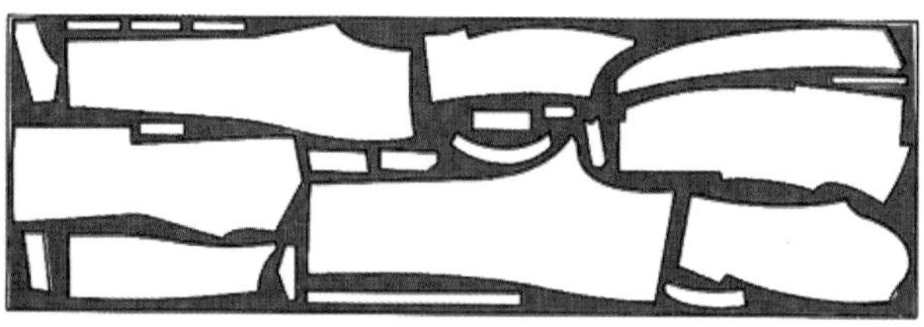

____

Merkmal: ______________________________

____

____

____

4. Wie heißen die drei dargestellten Schnittbildarten?

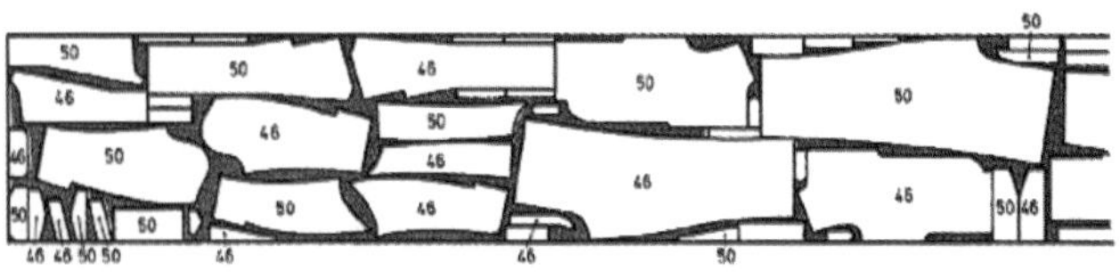

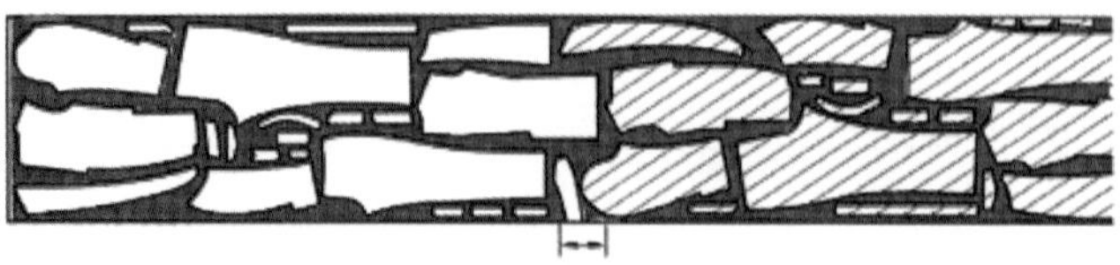

______________ ______________

9.3 Zuschnittvorbereitung

Name:

Klasse: Datum:

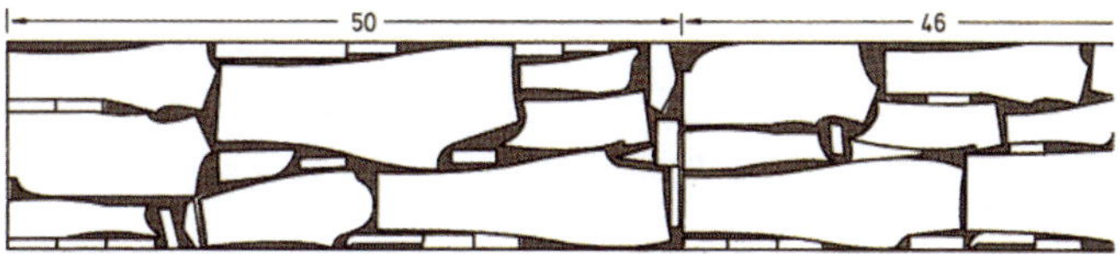

5. Welche Schnittbildarten sind bei den jeweiligen Aufmachungsformen anwendbar?

Aufmachungsformen	Mögliche Schnittbildarten
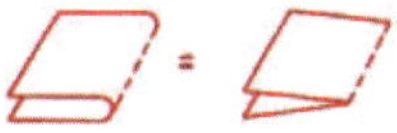 **gefaltet**	
 **schlauchförmig**	
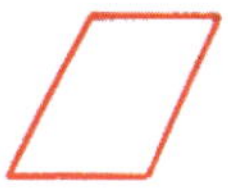 **breit** (getafelt, gewickelt, gerollt)	

6. a) Notieren Sie drei Vorschriften, die bei der Schnittbilderstellung beachtet werden müssen:

-
-
-

b) Auf welche der Vorschriften beziehen sich die nebenstehenden Zeichnungen?

(1)

(2)

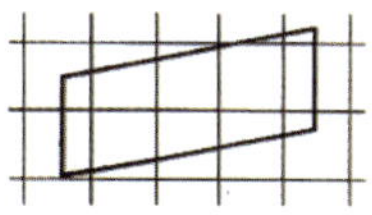
(1)

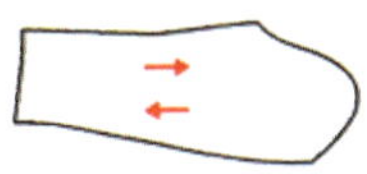
(2)

7. a) Wie groß ist der **Materialverlustgrad**, wenn der Ausschnittverlust einer 212 cm x 120 cm großen Schnittbildfläche 3 816 cm² beträgt? Notieren Sie den Rechengang und das Ergebnis.

b) Wie könnte dieser Materialverlustgrad möglicherweise gesenkt werden?

-
-

9.3 Zuschnittvorbereitung

Name:	
Klasse:	Datum:

8. Wie werden die unten beschriebenen Verfahren der Schnittbilderstellung bezeichnet?

Verfahren der Schnittbilderstellung	Bezeichnungen
Von einem auf Papier in Originalgröße im Voraus erstellten Schnittbild (= Mutterschnittbild) werden Kopien angefertigt, die für den Zuschnitt auf den Stoff aufgebracht werden.	
Die Schnittteile(-schablonen) werden jedes Mal neu auf den zuzuschneidenden Stoff zum Schnittbild ausgelegt.	
Erstellen der Schnittbilder mit CAD-Programmen und ggf. im Maßstab 1:1 ausplotten	

9. Was zeigt die nebenstehende Bildschirmausgabe? Kreuzen Sie die richtige Antwort an.

- ☐ Modellentwurf
- ☐ Schnittkonstruktion
- ☐ Gradierergebnis
- ☐ Schnittbildlösung

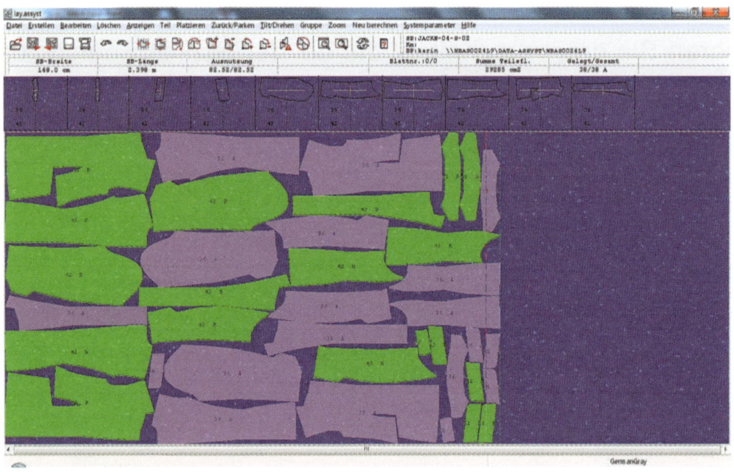

Foto: HUMAN SOLUTIONS GmbH, Kaiserslautern

10. Was geschieht mit dem Stoff zur Zuschnittvorbereitung?

____

____

____

11. Die folgenden Symbole kennzeichnen die **Lagenart** beim Lagenlegen. Notieren Sie neben den Abbildungen die Bezeichnung der Lagenart und das jeweilige charakteristische Merkmal.

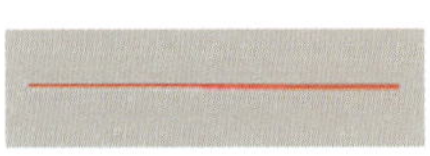

Bezeichnung: _______________________________

Merkmal: _______________________________

____

9.3 Zuschnittvorbereitung

Name:	
Klasse:	Datum:

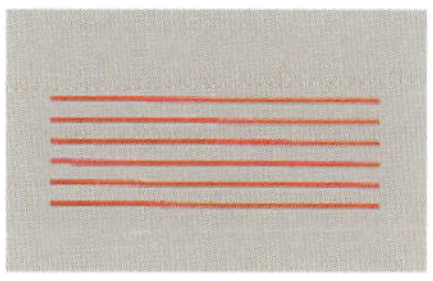

Bezeichnung: ______________________

Merkmal: ______________________

____

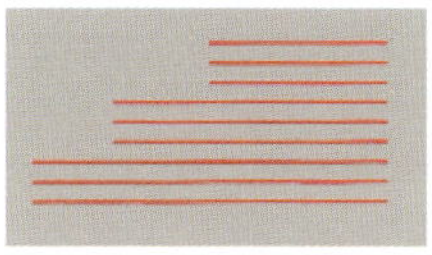

Bezeichnung: ______________________

Merkmal: ______________________

____

12. Die hier abgebildeten Symbole weisen auf die Lege**art** für Mehrfachlagen (Lagenstapel) hin. Wie heißen die dargestellten Legearten?

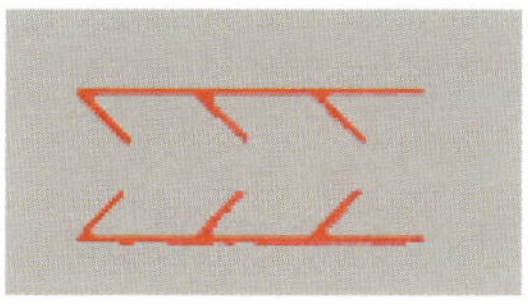

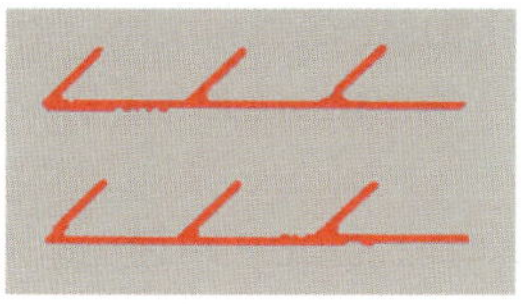

______________________ ______________________ ______________________

13. Welche Lege**verfahren** werden durch die Abbildungen veranschaulicht?

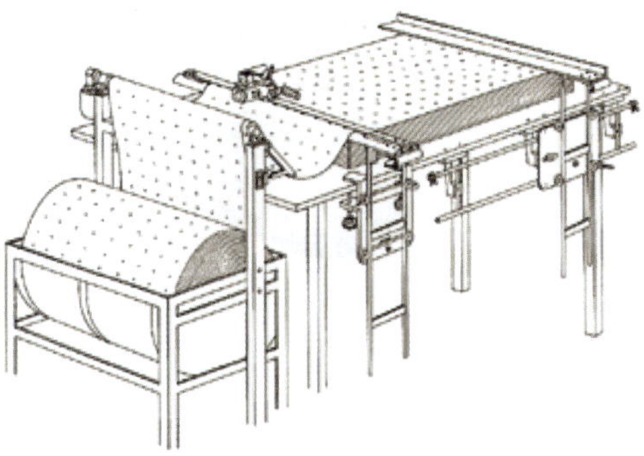

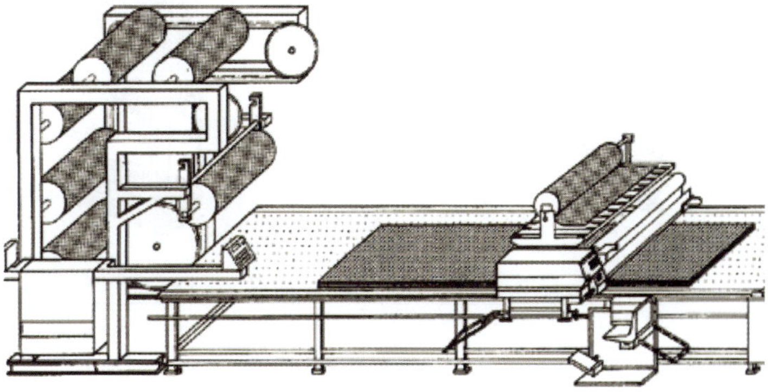

______________________ ______________________

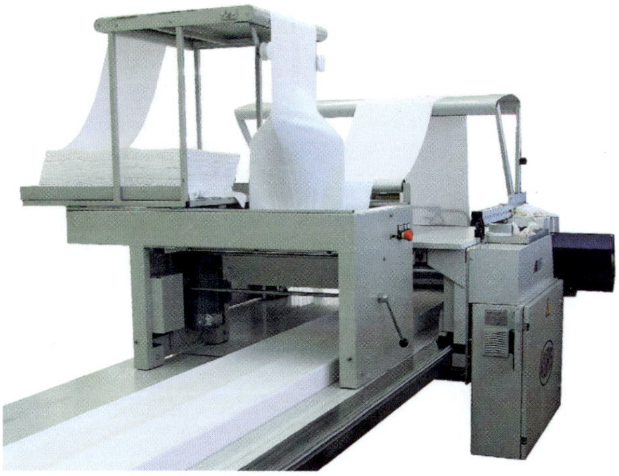

Foto: KURIS Spezialmaschinen GmbH

____

9.4 Zuschneiden und Einrichten

Name:

Klasse: Datum:

1. a) Wie nennt man das Gewinnen von Schnittteilen bei Anwendung von Handschneidemaschinen?

____

b) Welche Rolle spielt das Schnittbild bei diesem Arbeitsvorgang?

____

____

____

2. Zwischen Grob- und Feinausschneiden erfolgt beim manuellen Zuschnitt ggf. das **Abrichten**. Was versteht man darunter? Kreuzen Sie die richtige Antwort an.

- ☐ Recyceln des entstandenen Stoffabfalls
- ☐ Markieren der Zusammen- und Ansetzpunkte an den Schnittteilen
- ☐ Musterabstimmung der Schnittteile
- ☐ Transport zur Feinausschnittstation

3. Welche Schneidemaschinen für den manuellen Zuschnitt sind hier abgebildet? Notieren Sie die Bezeichnungen unter die Fotos.

Fotos: KURIS Spezialmaschinen GmbH

____

____

____

____

____

Foto: Schön & Sandt, Pirmasens

____

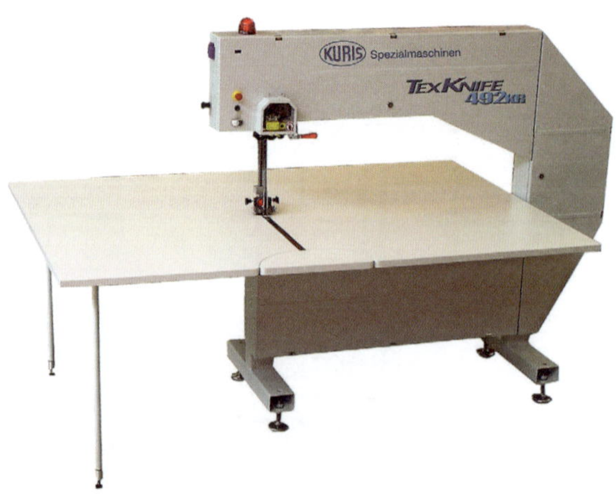

____

9.4 Zuschneiden und Einrichten

Name:

Klasse: Datum:

4. Im Folgenden sind Ausschneideverfahren des manuellen Zuschnitts beschrieben. Notieren Sie die jeweils für die Verfahren verwendbaren Schneidemaschinen.

Ausschneideverfahren	Schneidemaschinen
Das Schnittgut wird von Hand bewegt, die Maschine ist ortsfest.	
Die Schneidemaschine wird von Hand bewegt, das Schnittgut ruht.	
Die Schnittteile werden mithilfe entsprechend geformter Messer ausgedrückt (Messerschneiden)	

5. Welche Schneidemaschine ist hauptsächlich für geradliniges Zerteilen und Grobausschneiden (nicht für den Feinausschnitt) von Einzellagen und Lagenstapeln geeignet?

6. Wie nennt man solche CNC-gesteuerten Zuschneideautomaten? Kreuzen Sie die richtige Antwort an.

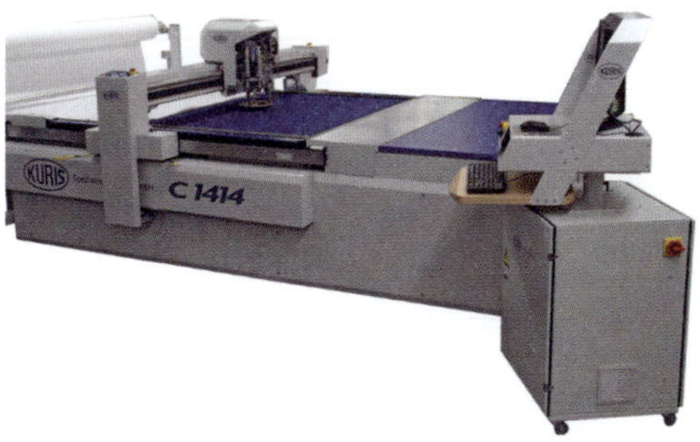

Foto: KURIS Spezialmaschinen GmbH

Foto: KURIS Spezialmaschinen GmbH

- ☐ Cutter
- ☐ Plotter
- ☐ Scanner
- ☐ Nadeltisch

Schneidekopf eines Zuschneideautomaten (Foto: KURIS Spezialmaschinen GmbH

7. Erarbeiten Sie ein Referat oder eine PowerPoint-Präsentation zu dem Thema „*Maschinen für den manuellen und maschinellen Zuschnitt im Bereich der Bekleidungsfertigung*". Sie finden dazu weiteres Informations- und Bildmaterial unter www.bullmer.de und www.kuris.de.

9.4 Zuschneiden und Einrichten

Name:	
Klasse:	Datum:

8. Ergänzen Sie:

Beim EDV-gestützten Zuschnitt werden die Schnittteile ____________ aus der einzelnen ____________ oder dem Lagenstapel ausgeschnitten. Die Schneidevorrichtung des Zuschneideautomaten folgt dabei den Konturen eines ____________ Schnittbildes auf kürzestem ____________.

9. Welche Schneidevorrichtungen kommen bei Zuschneideautomaten vor?

____

10. Der Einzellagenzuschnitt mit Zuschneideautomaten erscheint auf den ersten Blick unrationeller zu sein als der Mehrlagenzuschnitt. Durch welche Vorteile wird dieser Nachteil ausgeglichen?

a) ____

b) ____

c) ____

11. Wie wird beim automatischen Zuschnitt die Musterabstimmung sichergestellt?

____

____

____

____

12. Was versteht man unter **Markieren** der Schnittteile?

____

____

13. Wozu dient das **Einrichten** nach dem Zuschnitt?

____

____

14. Notieren Sie Einrichtearbeiten.

____________________ ____________________

____________________ ____________________

____________________ ____________________

10.1 Fertigungsorganisation

	Name:	
	Klasse:	Datum:

1. Geben Sie die Fertigungsbereiche im Bekleidungshandwerk an.

___

___

___

___

___

Blick in einen Handwerksbetrieb

2. Notieren Sie die Fertigungsbereiche in der Bekleidungsindustrie.

___

___

___

___

___

TRIGEMA GmbH & Co. KG Burladingen, Nähsaal (Foto picture alliance/Keystone)

3. Weshalb gliedert und spezialisiert sich die Bekleidungsfertigung in Fertigungsbereiche mit spezifischen Produktgruppen?

___

___

4. In der Bekleidungsfertigung unterscheidet man grundsätzlich zwei **Fertigungsarten**. Um welche Fertigungsart handelt es sich?

*Ein Modell wird in **einer Vielzahl gleicher Ausführungen** hergestellt:*  ___	*Ein Modell wird als **einzelnes Stück** hergestellt:*  ___

5. Unabhängig von der Fertigungsart kann ein Bekleidungsprodukt
a) *ganz von einer Person oder*
b) *von mehreren Personen*
gefertigt werden. Man spricht vom jeweiligen **Arbeitsverfahren**. Notieren Sie unter die nebenstehenden Abbildungen (die beide vorkommenden Verfahren veranschaulichen) die Bezeichnung der Arbeitsverfahren.

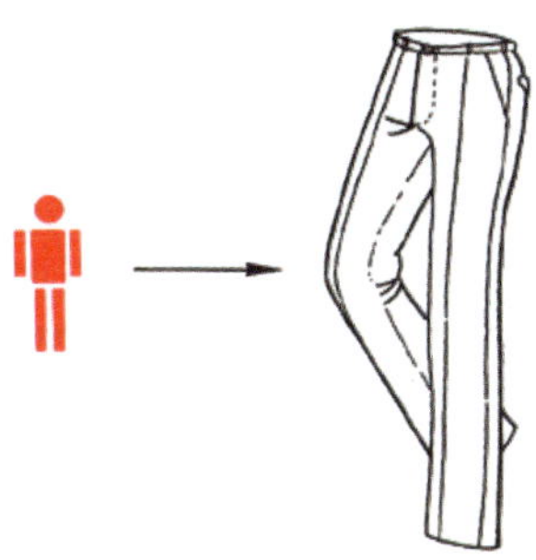

___

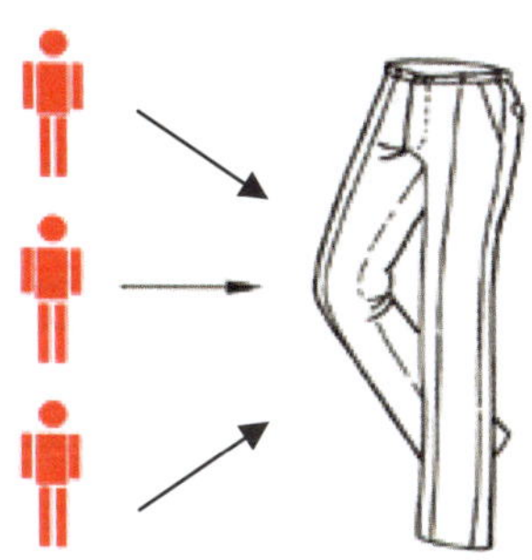

___

10.1 Fertigungsorganisation

Name:	
Klasse:	Datum:

6. Welches der genannten Arbeitsverfahren ist traditionell im Bekleidungshandwerk, welches in der Bekleidungsindustrie vorherrschend?

Im Bekleidungshandwerk: ______________________

In der Bekleidungsindustrie: ______________________

7. Man unterscheidet zwei Formen der Arbeitsteilung. Im Folgenden sind sie an Praxisbeispielen erkennbar. Notieren Sie die jeweilige Bezeichnung der beiden Formen in der rechten Tabellenspalte.

Beispiele für Arbeitsteilung		**Formen der Arbeitsteilung**
Beispiel a): 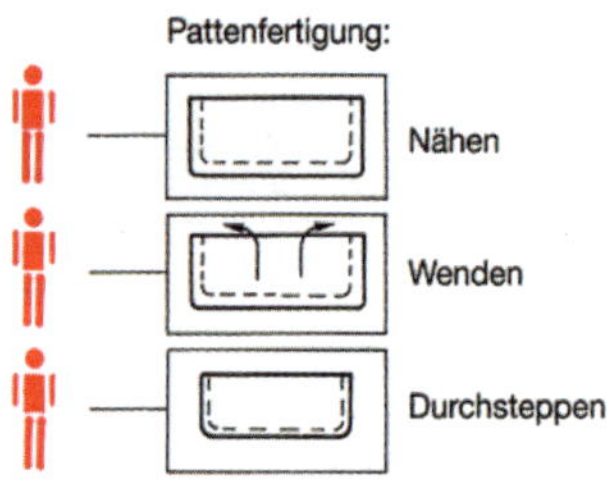 	*Beispiel b):* *Die Fertigung einer Damenhose ist in Teilarbeiten zerlegt, die jeweils von verschiedenen Näherinnen ausgeführt werden.*	______________________
Beispiel a): 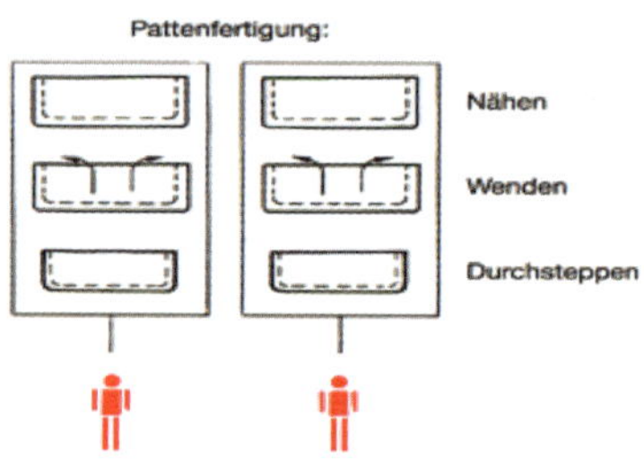 	*Beispiel b):* *Um die Ärmel einer Jacken-Tagesproduktion in der DOB alle einnähen zu können, sind vier Näherinnen mit dieser Arbeit beschäftigt.*	______________________

8. Welche Hauptziele hat die Arbeitsteilung? Kreuzen Sie die richtigen Antworten (also mehrere) an.

☐ Zeitersparnis ☐ Planungssicherheit
☐ Materialersparnis ☐ Steigerung der Mengenleistung

9. Wie bezeichnet man das Zusammenwirken von Mensch und *Betriebsmitteln* (Maschinen usw.), um aus dem Ausgangszustand eines Produktes seinen Endzustand zu schaffen?

____

10. Das nebenstehende Schaubild umfasst die Einflussfaktoren auf das unter 9. erwähnte Zusammenwirken. Notieren Sie diese Einflussfaktoren (oder Elemente).

______________________ ______________________

______________________ ______________________

______________________ ______________________

____

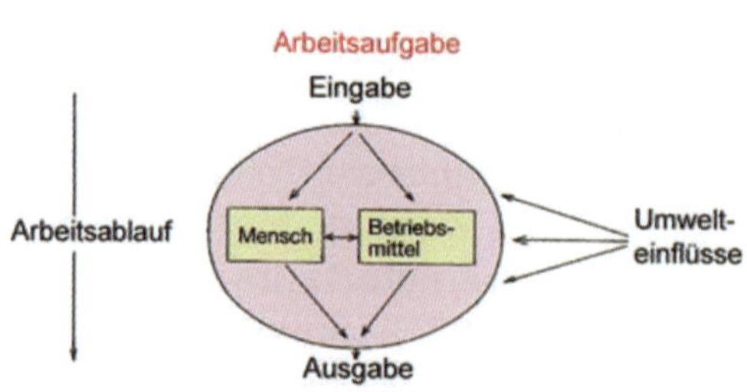

10.1 Fertigungsorganisation

Name:	
Klasse:	Datum:

11 a) Was versteht man bei der Herstellung von Bekleidungsprodukten unter **Fertigen**?

____

____

____

b) Notieren Sie die Hauptarbeiten, die zum Fertigen gehören.

____

12. a) Um die Fertigung den verschiedenen Möglichkeiten und Erfordernissen anzupassen, sind drei **Organisationsformen** oder **Fertigungssysteme** in Anwendung. Die folgenden Bilder zeigen zwei dieser Systeme in der Praxis. Schreiben Sie die Bezeichnungen der Systeme zu den Fotos und notieren Sie das dritte Fertigungssystem.

Foto: Schönenberger Systeme, Landsberg a. Lech

(1) ____________________ (2) ____________________

(3) ____________________

b) Was ist für die Fertigungssysteme typisch?

(1) ____

____

____

____

____

(2) ____

____

____

10.1 Fertigungsorganisation

Name:	
Klasse:	Datum:

(3) ______________________________

____

____

13. Wie bezeichnet man die bestmögliche Steuerung der Materialbewegungen in einem Betrieb? Kreuzen Sie die richtige Antwort an.

☐ Materialfluss ☐ Logistik
☐ Ergonomie ☐ Modul

14. Die Art und Weise, wie die Materialien in der Fertigung von Arbeitsplatz zu Arbeitsplatz befördert werden, hängt von mehreren Bedingungen ab. Wie heißen die beiden hier dargestellten Materialfördersysteme nach dem zugrunde liegenden Arbeitsverfahren?

____

____

(Foto: Schönberger Systeme, Landsberg a. Lech)

____

____

(Foto: Fotolia © xy)

15. Die Lenkung von Materialströmen in der Fertigung und in den Lagern erfolgt heute überwiegend mit EDV-Einsatz. Dabei spielt die Technik der elektronischen Identifizierung jedes einzelnen Produktes eine entscheidende Rolle. Welche beiden Methoden der Warenidentifikation sind nebenstehend erkennbar?

(Fotos: links: Fotolia © Bacho Foto; rechts: ullstein bild – imageBROKER/Jochen Tack)

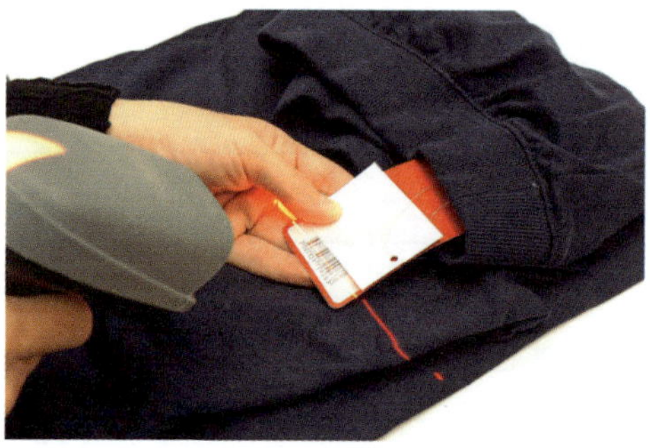

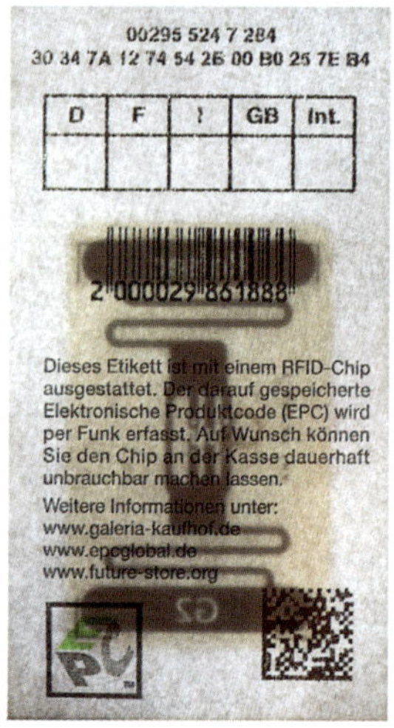

______________________________ ______________________________

____

16. Erarbeiten Sie ein Referat oder eine PowerPoint-Präsentation zu dem Thema „Moderne Logistik in der Bekleidungsfertigung“. Nutzen Sie dazu auch die Informationen (ggf. das Bildmaterial) unter

www.schoenenberger.de > *Branchen > Bekleidung & Textil*

10.2 Betriebsorganisation

Name:	
Klasse:	Datum:

1. Welche Merkmale gelten für die Organisation eines handwerklichen Kleinbetriebes der Bekleidungsfertigung?

   a) ______________________ b) ______________________

2. In welche drei Bereiche ist ein Handwerksbetrieb der Bekleidungsfertigung im Allgemeinen gegliedert?

Handwerksbetrieb

______________	______________	______________
______________	______________	______________

3. Welche Unternehmensfunktionen sind in der Hand der Handwerksmeisterin/des Handwerksmeisters in der Regel vereint?

   ____

4. Industriebetriebe der Bekleidungsfertigung sind meist Mittel- und Großbetriebe. Was gilt hier für die Bedeutung einer guten Betriebsorganisation?

   ____

   ____

5. a) Im Mittel- und Großbetrieb industrieller Bekleidungsfertigung gliedert sich die Betriebsorganisation in zwei Bereiche. Diese sind unten kurz charakterisiert. Notieren Sie die Bezeichnungen der Bereiche.

Organisationsbereiche	**Charakteristik**
______________	*Festlegen der Organisationsform und der Zuständigkeiten*
______________	*Festlegen aller Maßnahmen für eine reibungslose und wirtschaftliche Fertigung*

   b) Ergänzen Sie die Tabelle auf der folgenden Seite durch richtiges Einordnen der folgenden ungeordneten Begriffe (Beispiele):

Nähen, Näherin, Näherei, Herstellung, Fertigung

10.2 Betriebsorganisation

Name:	
Klasse:	Datum:

Maßnahmen zur Bestimmung der betrieblichen Organisationsform	Beispiele
Betriebsziel	______
1. Hauptaufgabe	______
a) Teilaufgabe	______
b) Einzelaufgabe	______
2. Stelle zur Lösung der Aufgabe	______
3. Verteilung der Aufgaben auf Mitarbeiter	______

6. Der reibungslose Betriebsablauf ist nur gewährleistet, wenn die **Zuständigkeiten** eindeutig geregelt sind. Die Zuständigkeit umfasst zwei Gesichtspunkte. Ergänzen Sie die folgende Übersicht entsprechend.

Zuständigkeit

______	↔	______

7. Wie bezeichnet man den Inhaber von Weisungsbefugnis? Kreuzen Sie die richtige Antwort an.

☐ Leiter
☐ Stab
☐ Team
☐ Instanz

8. Die Festlegung der Weisungsbefugnis kann nach verschiedenen **Weisungssystemen** erfolgen. Die drei wichtigsten sind unten genannt. Beschreiben Sie sie kurz.

Weisungssysteme	Charakteristik
Einliniensystem 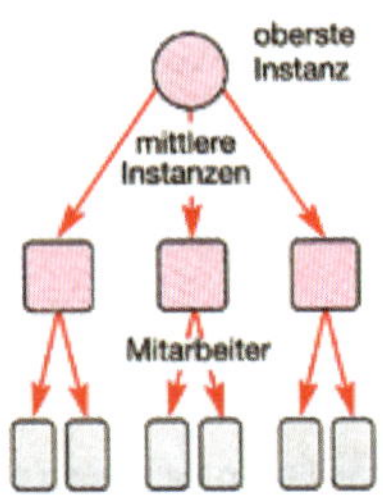	______ ______ ______ ______ ______

10.2 Betriebsorganisation

Name:		
Klasse:	Datum:	

Stabliniensystem 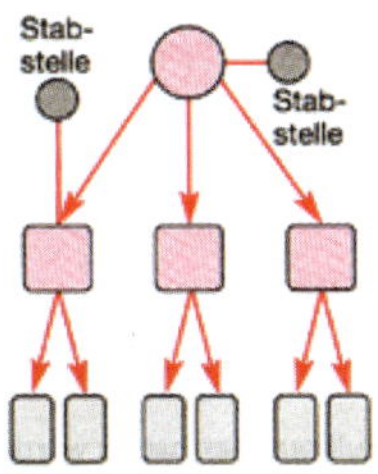 	______ ______ ______ ______
Mehrliniensystem 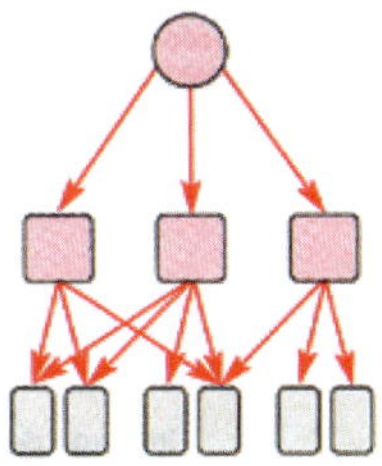	______ ______ ______ ______

9. Welche drei Hauptmaßnahmen trifft die Ablauforganisation?

a) ______

b) ______

______

10. Weshalb sind Industriebetriebe in Abteilungen gegliedert? Kreuzen Sie die richtige Antwort an.

- ☐ Weil möglichst viele Instanzen geschaffen werden sollen
- ☐ Weil so der EDV-Einsatz erleichtert wird
- ☐ Weil die Verschiedenartigkeit der betrieblichen Aufgaben dies empfiehlt
- ☐ Weil gesetzliche Vorschriften hierfür bestehen

11. Notieren Sie neun Abteilungen des technischen Bereiches industrieller Bekleidungsfertigung.

______ ______ ______

______ ______ ______

______ ______ ______

12. Welche Aufgabe hat das Spitzenmanagement eines Unternehmens?

______

______

13. Ergänzen Sie: Die Geschäftsleitung eines Unternehmens ist oberste ______.
Sie trifft grundlegende ______ und gibt bindende ______. Dabei muss sie das ______-Gesetz beachten.

10.3 Arbeitsstudium, Arbeitsvorbereitung

Name:	
Klasse:	Datum:

1. a) Welche beiden Ziele verfolgt das **Arbeitsstudium**?

- ______________________________
- ______________________________

b) Wie kommt das Arbeitsstudium zu seinen Ergebnissen?

____

2. Notieren Sie die drei Hauptaufgaben des Arbeitsstudiums und erklären Sie kurz, was die Aufgaben bedeuten.

Hauptaufgaben	**Inhalte**
(1) ______________ ______________	______________ ______________ ______________
(2) ______________ ______________	______________ ______________ ______________
(2) ______________ ______________	______________ ______________ ______________

3. Welches System legen die Fachleute, die mit der praktischen Durchführung des Arbeitsstudiums befasst sind, ihrer Arbeit zugrunde? Kreuzen Sie die richtige Antwort an.

☐ Goldener Schnitt ☐ RFID-Technik
☐ REFA-Lehre ☐ Konstitutionslehre

4. Zu welchen Aufgabengebieten des Arbeitsstudiums gehören die folgenden praktischen Beispiele?

Arbeitsstudium/Arbeitsgebiete	**Praxisbeispiele**
______________ ______________	*Die Fachkraft unterteilt einen Arbeitsablauf in Ablaufabschnitte, misst diese zeitlich 10- bis 20-mal und bildet Mittelwerte der gemessenen Zeiten.*
______________ ______________	*Ein Arbeitsvorgang wurde nach eingehender Untersuchung in zwei Arbeitsschritte aufgeteilt. Der neu entstandene Arbeitsplatz wurde mit geeigneten Betriebsmitteln ausgestattet.*

10.3 Arbeitsstudium, Arbeitsvorbereitung

Name:	
Klasse:	Datum:

______________________ ______________________	*Die Untersuchung eines Arbeitsvorganges führte dazu, die Teilungsnaht an einem Modell etwas zu verlegen. Dadurch vereinfachte sich das Schließen der Naht.*
______________________ ______________________	*Die Arbeitsgänge wurden nach der Schwere der Arbeit (u. U. nach weiteren Merkmalen) unterteilt und bestimmten Lohngruppen (Lohnhöhen) zugeordnet.*
______________________ ______________________	*Aus den Mittelwerten der gemessenen Istzeiten und den geschätzten Leistungsgraden wurden Sollzeiten als Normalzeiten errechnet.*

5. a) Im Rahmen der Arbeitsgestaltung spielt die Gestaltung des Arbeitsplatzes eine wesentliche Rolle. Dabei wendet man die Erkenntnisse der **Ergonomie** an. Was versteht man darunter?

____

____

____

____

b) Welche Ziele sollen mit der Anwendung ergonomischer Erkenntnisse erreicht werden?

____

____

6. Im Folgenden sind einige wichtige Faktoren ergonomischer Arbeitsplatzgestaltung aufgeführt. Notieren Sie daneben je ein praktisches Beispiel.

Faktoren ergonomischer Arbeitsplatzgestaltung	**Beispiele**
Körpergerechte Formen und Maße des Arbeitsplatzes	______________________
Menschengerechte Arbeitsverfahren	______________________
Günstige Arbeitsbedingungen	______________________

7. Die beiden Abbildungen zeigen Lösungen im Sinne ergonomischer Zielsetzung. Welcher Bereich der Arbeitsgestaltung ist hier in erster Linie betroffen? Kreuzen Sie die richtige Antwort an.

- ☐ Der Arbeitsvorgang
- ☐ Der Arbeitsablauf
- ☐ Der Arbeitsplatz
- ☐ Das Betriebsmittel
- ☐ Das Bekleidungsprodukt

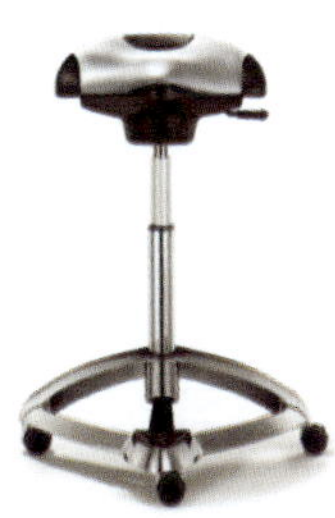

Stehsitz (Foto: Dauphin HumanDesign Group)

Steh-Nähplatz mit Fußentlastungsmatte (Foto: Pfaff)

10.3 Arbeitsstudium, Arbeitsvorbereitung

Name:	
Klasse:	Datum:

8. Die nebenstehende Skizze zeigt die Situation nach der Neugestaltung eines Näharbeitsplatzes gemäß ergonomischer Richtlinien.

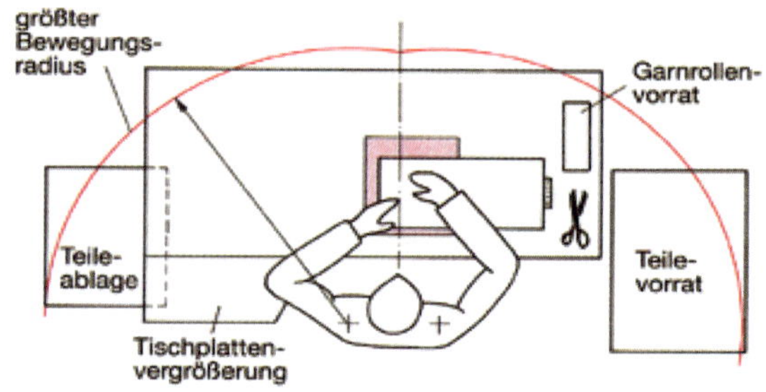

a) Wie nennt man den (rot) eingekreisten Bereich?

____

b) Was bedeutet das?

____

____

____

9. Was bedeutet t_e 1,15 min? ____________________

____

10. Errechnen Sie t_e aus t_g = 1,05 min, t_{er} = 0,10 min und t_v = 0,24 min.

____

11. Ergänzen Sie:

Die Arbeitsvorbereitung (AV) hat zum Ziel, dass die Arbeitsausführung __________ und __________ erfolgt. Dabei ist das „ökonomische Prinzip“, d. h. __________ __________ zu beachten. Es lassen sich drei Hauptaufgaben der AV nennen: __________, __________, __________.

12. Im Zusammenhang mit der Arbeitsplanung erstellt die AV u. a. die im Folgenden beschriebenen Arbeitsunterlagen. Notieren Sie die Bezeichnungen dieser Unterlagen.

Arbeitsunterlagen	**Charakteristik**
__________	*Listet alle Arbeitsvorgänge auf, die nacheinander zur Fertigung eines Werkstückes erforderlich sind*
__________	*Den aufgelisteten Arbeitsvorgängen werden bestimmte Arbeitsplätze zugeordnet.*
__________	*Den aufgelisteten Kundenaufträgen werden die geplanten Fertigungstermine in den einzelnen Produktionsabteilungen zugeordnet.*

10.4 Qualitätssicherung

Name:

Klasse: Datum:

1. a) Was versteht man unter Qualität einer Ware oder Dienstleistung?

____

b) Worin drückt sie sich aus?

____

____

2. Welche drei Faktoren bestimmen hauptsächlich die Qualität von Bekleidungs- und konfektionierten Textilprodukten?

a) __________ b) __________ c) __________

3. Ein Unternehmen bedient ein bestimmtes **Genre**. Was ist damit gemeint? Kreuzen Sie die richtige Antwort an.

☐ Ein Qualitätssicherungsverfahren
☐ Ein Qualitätsprüfverfahren
☐ Ein Qualitätszertifikat
☐ Eine Qualitätsstufe

4. Was versteht man unter Spitzen-Genre?

____

5. Die Qualitätsziele, die sich ein Unternehmen gesteckt hat, werden im Bereich industrieller Bekleidungsfertigung in der Regel schriftlich in drei Kapiteln formuliert:

a) ______________________________

b) ______________________________

c) ______________________________

6. Welche Abteilung des Industriebetriebes ist in der Regel für die Einhaltung der Qualitätsvorschriften zuständig? Kreuzen Sie die richtige Antwort an.

☐ Modellabteilung
☐ Arbeitsstudium
☐ Einrichtung
☐ Arbeitsvorbereitung

7. Man spricht auch von **integrierter Qualitätssicherung**.

a) Was versteht man darunter?

____

____

____

b) Was setzt integrierte Qualitätssicherung voraus?

____

____

10.4 Qualitätssicherung

Name:	
Klasse:	Datum:

c) Weshalb unterziehen sich Industrieunternehmen/-betriebe einer Qualitätszertifizierung nach DIN EN ISO 9000?

- ______
- ______

8. Bemühungen um Qualität drücken sich z. B. in der **Wareneingangsprüfung** aus.

a) Was versteht man darunter?

______

______

______

b) Welchen Nutzen bringt die Wareneingangsprüfung?

- ______
- ______
- ______

9. Notieren Sie Beispiele für Prüfungen der angelieferten Ware.

______	______	______
______	______	______
______	______	______

10. Die Abbildung zeigt eine wichtige Kontrolle im Rahmen der Wareneingangsprüfung in einem Industriebetrieb.

Foto: picture alliance/dpa

a) Um welche Kontrolle handelt es sich?

______

b) Welche Erkenntnisse soll diese Kontrolle bringen?

______

11. Neben der Wareneingangsprüfung ist die **Produktprüfung** ein zweiter Haupt-Kontrollbereich zur Sicherstellung der Produktqualität.

a) Was geschieht bei der Produktprüfung grundsätzlich?

______

______

10.4 Qualitätssicherung

Name:

Klasse: Datum:

b) Welche beiden Merkmalgruppen werden bei der Prüfung der Fertigerzeugnisse erfasst? Kreuzen Sie die richtigen Antworten an.

☐ Material ☐ Verarbeitung ☐ Passform ☐ Tragekomfort

12. Im Folgenden sind Beispiele von Prüfmerkmalen für die Produktprüfung ungeordnet aufgeführt:

Absteppbreite, Fertigmaße, Silhouette, Nahtverriegelung, flache Nähte und Kanten, Glätte der Warenoberfläche, Nahtkräuselung, Stoffmusterabstimmung, Sitz (Passform), Nahtverlauf

Ordnen Sie die Merkmale richtig in die Tabelle ein, die in der linken Spalte die Prüfmerkmale nach bestimmten Kriterien gruppiert.

Prüfmerkmale (Kriterien)	Prüfmerkmale (Beispiele)
Gestaltungs- und schnitttechnische Merkmale	
Nähtechnische Merkmale	
Bügeltechnische Merkmale	

13. Die Qualitätsrichtlinien umfassen die beiden hier genannten Teile. Was bedeuten sie?

- **Qualitätsnormen:** ____________________
- **Toleranzen:** ____________________

14. Weshalb lässt man Toleranzen bei den Qualitätsnormen zu? Kreuzen Sie die richtige Antwort an.

☐ Um die Qualität zu steigern
☐ Um die Produktprüfung zu erleichtern
☐ Um zu vermeiden, dass absolut geforderte Arbeitsgenauigkeit unvertretbar viel Fertigungszeit erfordern würde
☐ Um die vereinbarten Liefertermine einhalten zu können

15. Die nebenstehende Arbeitsskizze zur Produktprüfung gibt ein mögliches Kontrollschema am Beispiel eines Sakko-Innenteiles wieder.

a) Welche notwendige Vorgehensweise wird hier erkennbar?

____

b) Welche Vorteile hat eine solche Vorgehensweise?

- ____________________
- ____________________

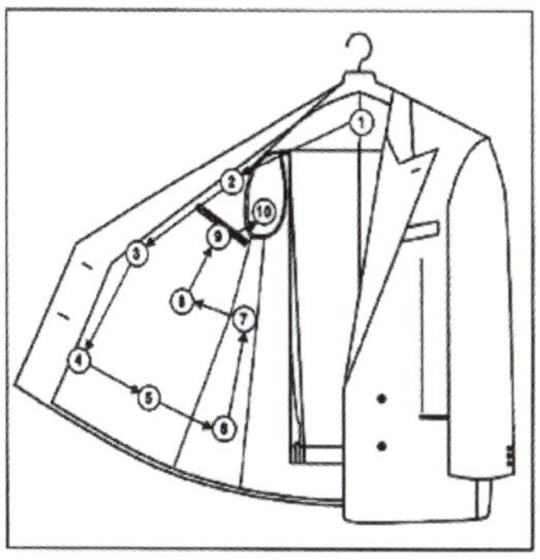

Quelle: Forschungsgem. Bekleidungsindustrie

10.4 Qualitätssicherung

Name:

Klasse: Datum:

16. Was geschieht, wenn bei der Prüfung von Fertigprodukten Fehler erkannt werden?

a)

b)

17. Um welche Unterlage handelt es sich hier?

Arbeitsvorgang: Bund annähen			**Position:** **Name:**	
Zahl der geprüften Teile	Fehler		Ursache	Gegenmaßnahme
	Art	Anzahl		
𝍸 𝍸 𝍸 𝍸 𝍸 𝍸 𝍸 |||	Nahtbreite außer Toleranz	𝍸 𝍸 ||	Fehlen einer Kanten-führung	Anbringen eines Führungslineals
...	...		...	...

18. Praktische Hilfestellung beim Qualitätsmanagement und bei der Qualitätszertifizierung nach DIN EN ISO 9000 bietet z. B. die **DQS**. Informieren Sie sich unter www.DQS.de > *Über uns* (und > *Services*), welche Dienstleistungen hier angeboten werden.

11.1 Ökologie – Textilökologie

Name:	
Klasse:	Datum:

1. a) Was versteht man unter Ökologie?

____

____

____

b) Das folgende Schaubild veranschaulicht Ihre Aussage. Notieren Sie im Kasten des Bildes den fehlenden Begriff.

Beschäftigungsgegenstand der Ökologie

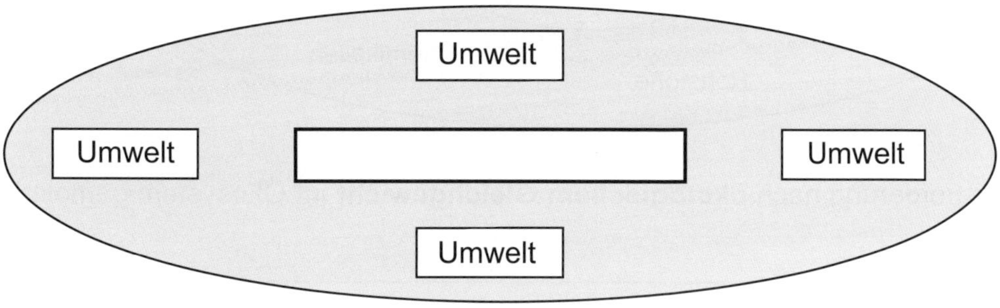

c) Erläutern Sie am Beispiel **Klima** die im obigen Schaubild mit den Doppelpfeilen angedeuteten wechselseitigen Beziehungen und Einflüsse.

Welche grundlegende Bedeutung hat das Klima für die Lebewesen?

____

____

____

____

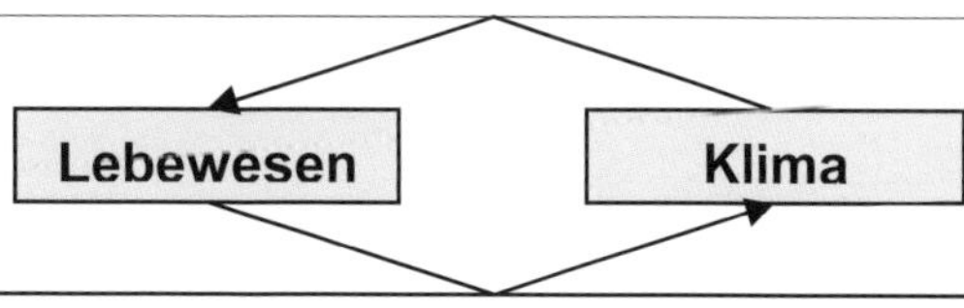

Welche Folgen hat die Klimaveränderung durch menschlichen Einfluss (Luftverschmutzung, Lufterwärmung, Abholzen der tropischen Regenwälder usw.)?

____

____

____

____

11.1 Ökologie – Textilökologie

Name:	
Klasse:	Datum:

2. In der Ökologie spricht man von **Ökosystem** als der Lebensgemeinschaft von *Mensch, Tier* und *Pflanze* im gemeinsamen Lebensraum, der Um- oder Mitwelt.

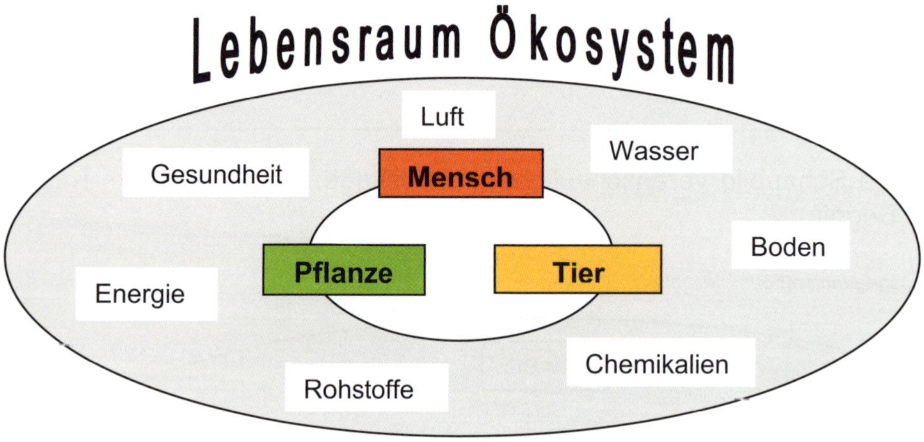

a) Was ist mit der Forderung nach **ökologischem Gleichgewicht** im Ökosystem gemeint?

___

___

___

b) Wodurch kann das ökologische Gleichgewicht gestört werden?

___

___

c) Welche Folgen kann die dauerhafte Störung des ökologischen Gleichgewichtes haben?

___

___

___

11.1 Ökologie – Textilökologie

Name:	
Klasse:	Datum:

d) Im Schaubild auf der Vorseite („Lebensraum Ökosystem") sind wichtige Lebensgrundlagen im Ökosystem aufgeführt (Luft, Wasser usw.). Wodurch beeinflusst der **Textilbereich** diese Lebensgrundlagen? (Beantwortung stichwortartig)

Rohstoffe: ____________________

____

Wasser: ____________________

____

Boden: ____________________

____

Luft: ____________________

____

Chemikalien: ____________________

____

Energie: ____________________

____

Gesundheit: ____________________

____

e) Ergänzen Sie:

Es zeigt sich, dass auch der __________ Bereich vielfältig in das __________ eingebunden ist und es beeinflusst. Er hat deshalb __________ für die lebenswichtige Erhaltung unserer __________ und der menschlichen __________. Der Wissenschaftszweig, der sich mit den Wirkungen von Textilien auf den Menschen und die Umwelt befasst, heißt __________. Sie gliedert sich in: __________ (Vermeiden von schädigenden Stoffen), __________ (umweltfreundliche Herstellung) und __________ (Wiederverwertbarkeit, Deponierung).

3. Gestalten Sie mit den Materialien und Ergebnissen dieses Arbeitsblattes (und mit sonstigen Informationen, die Ihnen zur Verfügung stehen) eine PowerPoint-Präsentation zum Thema *„Die ökologische Verantwortung der Textilwirtschaft"* und stellen Sie Ihre Arbeitsergebnisse vor.

11.2 Faserökologie

Name:	
Klasse:	Datum:

1. Welche Textilfaser-Gruppen sind

„nachwachsende" Rohstoffe?	„nicht nachwachsende" Rohstoffe?
______________	______________
______________	______________

2. Ordnen Sie die folgenden Faserbeispiele richtig in die Tabelle ein:

Seide	Lyocell	Modal	Polyester
Polyacryl	Baumwolle	Polypropylen	Angora
Hanf	Polyamid	Flachs	Modacryl
Acetat	Elastan	Wolle	Viskose

Nachwachsende Textilrohstoffe		**Nicht nachwachsende Textilrohstoffe**	
______	______	______	______
______	______	______	______
______	______	______	______
______	______	______	______
______	______	______	______

3. a) Geben Sie nochmals an, welche Chemiefasergruppen zu den nachwachsenden Rohstoffen zählen.

   ____

   b) Wieso sind diese Chemiefasern zu den nachwachsenden Rohstoffen zu zählen, obwohl sie künstlich erzeugt werden?

   ____

   ____

4. Worin besteht der ökologische Vorteil der nachwachsenden Rohstoffe?

   a) ______________________________

   b) ______________________________

5.
   - Die **nicht** nachwachsenden Textilrohstoffe helfen (beim derzeitigen Konsumverhalten) mit, den Weltfaserbedarf zu decken.
   - Diese Fasern bieten teilweise wünschenswerte Eigenschaften, die andere Faserrohstoffe nicht besitzen.

   Was erklären und begründen diese beiden Argumente?

   ____

   ____

11.2 Faserökologie

Name:

Klasse: Datum:

6. Ergänzen Sie mit Ihren Antworten aus den Fragen 1–5 das folgende zusammenfassende Schaubild.

Textilfasern

________________ Rohstoffe	**________________ Rohstoffe**
Z. B. ________ ________	Z. B. ________ ________
________ ________	________ ________

____________ ← Rohstoffquellen → ____________

____________ ← Chemikalieneinsatz bei der Fasergewinnung → ____________

____________ ← Energieeinsatz bei der Fasergewinnung → ____________

____________ ← Weltfaserbedarf → ____________

7. Zur ökologischen Bewertung der Textilfasern ist also nicht nur ihre Herkunft, sondern auch die Art ihrer Gewinnung bedeutsam. Dabei muss jede Faserart eigens betrachtet werden.
Beurteilen Sie durch Ankreuzen zunächst einmal grob die Umweltbelastung durch die Fasergewinnung

Faserart	**Umweltbelastung bei der Fasergewinnung**		
	eher gering	mittel	eher groß
Baumwolle (herkömmlicher Anbau)			
Baumwolle (biologischer Anbau)			
Flachs			
Hanf			
Wolle (herkömmliche Schafhaltung)			
Seide			
Zellulose-Chemiefasern			
Synthetische Chemiefasern			

11.2 Faserökologie

Name:	
Klasse:	Datum:

8. Von welcher Faserart sind unter ökologischen Gesichtspunkten Aussagen gemacht?

Ökologische Gesichtspunkte	Faserart
• Gewinnung ohne großen Energieaufwand • Biologisch abbaubar • Abfälle können als Dünger eingesetzt werden. • Großer Pestizideinsatz bei herkömmlicher Gewinnung	________________
• Hoher Energie-, Wasser- und Chemikalieneinsatz	________________
• Geringe Ansprüche an den Boden • Braucht wenig Dünger • Wenig schädlingsanfällig	________________
• Großer Land- und Wasserbedarf • Schädlingsanfällige Monokulturen • Großer Einsatz von Pestiziden, Herbiziden und Entlaubungsmitteln bei herkömmlicher Gewinnung	________________

9. Im Zusammenhang mit ökologischen Fragen der Textilfaser-Gewinnung kommen immer wieder bestimmte Fachbegriffe vor. Erklären Sie, um was es sich jeweils handelt, oder geben Sie den zugehörigen Begriff an.

- ________________: Auf sehr großen Landflächen wird nur **eine** Pflanzen-(Faser-)Art angebaut.

  Problem: ________________________________

  ____

- **Pestizide**: ________________________________

  ____

  Problem: ________________________________

- ________________: Unkrautbekämpfungsmittel

  Problem: ________________________________

- Resistent: ________________________________

  ____

- ________________: (Amtlich) festgelegter Höchstmengen-Gehalt an bestimmten, meist schädigenden Substanzen

10. Bei der Gewinnung von Pflanzenfasern unterscheidet man:
- **konventionellen (herkömmlichen) Anbau** und
- **biologischen (ökologischen, integrierten)** Anbau.

11.2 Faserökologie

Name:	
Klasse:	Datum:

Nennen Sie wesentliche Merkmale des biologischen Anbaus:

a) Verzicht auf: ____________________, stattdessen: ____________________

b) Verzicht auf: ____________________, stattdessen: ____________________

c) Anwenden besserer Anbauverfahren, Beispiel: ____________________

d) Verwendung schädlingsresistenterer ____________________

e) Speziell beim Baumwollanbau: Handpflücken statt Maschinenernte; Vorteil:

____

f) Was bei biologischem Anbau in Kauf zu nehmen ist:

____

11. Ebenso wie es bei der *Naturfasergewinnung* Bemühungen für umweltverträglichere Gewinnungsprozesse gibt (Stichworte: biologischer Anbau, artgerechte Tierhaltung usw.), sind auch auf dem Gebiet der *Chemiefasererzeugung* zahlreiche Maßnahmen zu verzeichnen, die Umweltbelastung zu verringern oder zu vermeiden. Dies wird einerseits durch **Gesetze und Verordnungen** der EU und deren Mitgliedsstaaten, andererseits durch **freiwillige Maßnahmen der Chemiefaserindustrie** erreicht.

a) Notieren Sie vier Beispiele für Umweltschutzgesetze bzw. -verordnungen.

____________________ ____________________

____________________ ____________________

b) Ein Beispiel für umweltschonende Fasergewinnung ist die Zellulose-Chemiefaser **„Lyocell"**. Inwiefern liegt hier eine umweltfreundliche Fasergewinnung vor? (Geben Sie drei Punkte an.)

____

____

____

c) Informieren Sie sich unter www.lenzing.com > *Lenzing Gruppe* > *Fragen und Antworten* > *Was ist Tencel (Lyocell)*? über die umweltfreundliche Herstellung von Tencel (= Lenzing Lyocell).

Notizen:

____

____

____

____

____

11.2 Faserökologie

Name:	
Klasse:	Datum:

12. Fertigen Sie ein Referat zum Thema *„Textilfasern und Ökologie“* an (beachten Sie dabei auch den Beitrag „Verantwortung“ unter www.lenzing.com).

11.3 Textilien und Gentechnik

Name:	
Klasse:	Datum:

1. a) Die folgenden Beispiele aus dem textilen Bereich sollen zeigen, wie der Mensch mit seinem Wissen und seinen technischen Möglichkeiten in seine Umwelt verändernd eingreift. Geben Sie neben den Beispielen das jeweilige Mittel der Veränderung an.

Veränderungen durch

1 Polyurethan (PU) ist ein harter, unelastischer Kunststoff, der für technische Zwecke verwendet wird. Fügt man aber zwischen kurze PU-Stücke längere Abschnitte eines weichen Kunststoffes, z. B. Polyester (PE), entsteht ein hochelastischer, gummiähnlicher textiler Faserstoff, Elastan (EA), der nun für Bekleidungszwecke geeignet ist. Diese Veränderung eines Fasergrundtyps mithilfe *chemisch-technischer Verfahren* auf der Grundlage *chemisch-physikalischer Gesetzmäßigkeiten* nennt man **Faser-Modifikation**.

→ ______________________________

2 Die Vielzahl der Wollarten und die große Zahl der Fasersorten (z. B. mehrere hundert Baumwollsorten) sind das Ergebnis von Tier- bzw. Pflanzen**züchtungen**, bei denen eine *natürliche Kombination von Genen* (Erbinformationen) erreicht wird.

→ ______________________________

3 Die ökologischen Probleme des Baumwollanbaus sollen auch mithilfe der **Gentechnik** gelöst werden. So sind durch *künstliche Genveränderungen* bereits schädlingsresistentere, farbige – blaue, rote, violette –, sich selbst entlaubende und Stickstoffdünger sparende Sorten entwickelt worden.

→ ______________________________

4 * **München.** Biologen der Technischen Universität München haben einen Weg gefunden, Spinnenseide auf gentechnischem Weg herzustellen. Das Material fasziniert die Wissenschaft bereits seit langem, da Spinnenseide dünner als ein menschliches Haar, aber reißfester als ein Stahlfaden und viel elastischer als Kevlar ist, das Material, das zum Beispiel für schusssichere Westen benutzt wird. Wenn es gelänge, einen Spinnenfaden technisch herzustellen, würde dies eine neue Ära umweltverträglicher, Energie sparender Werkstoffe einläuten. Die Münchner Biologen erzeugten den Kunstfaden im Labor, indem sie Spinnengene in das Erbgut von Schmetterlingszellen und Bakterien einbauten. Diese gentechnisch veränderten Zellen produzierten dann die Fasern. *red*

Saarbrücker Zeitung vom 12.01.2005

→ ______________________________

* *Hintergrundinformationen:* Neben Seide von Schmetterlingen (Maulbeerseide, Wildseide) gibt es auch Seide von bestimmten Muscheln und Spinnen. Muschel- und Spinnenseide spielen als Textilfasern aber praktisch eine zu vernachlässigende Rolle. *Richtigstellung:* Die Biologen erzeugten keinen Kunstfaden und auch die gentechnisch veränderten Zellen produzieren keine Fasern, sondern die Fasersubstanz, aus der dann noch die Fäden hergestellt werden müssen, ähnlich wie bei den Chemiefasern.

1. b) Welche gemeinsamen Ziele haben diese und ähnliche Veränderungen?

____

11.3 Textilien und Gentechnik

Name:	
Klasse:	Datum:

2. Ergänzen Sie die Darstellung aus Aufgabe 1.

   Der Unterschied von Beispiel (2) zu Beispiel (3) besteht darin, dass hier der Schritt von der natürlichen zur ______________ Genkombination getan wurde. Beispiel (4) spiegelt eine noch weiter gehende Entwicklung wider: Während im Fall des Beispiels (3) „nur“ bestimmte ______________ eines Organismus – hier der Baumwollpflanze – durch gentechnische Eingriffe verändert werden, wird nach Beispiel (4) eine Substanz auf ______________ Weg künstlich hergestellt. Dabei werden die entschlüsselten ______________ der zu produzierenden Substanz – hier der Spinnenseide – als Erbinformation in einen anderen Organismus – hier in die Zellen von ______________ und ______________ – eingebracht. Diese stellen dann die gewünschte ______________ her. Andere Wissenschaftler, die ebenfalls an der Erzeugung von Spinnenfasersubstanz mithilfe der ______________ arbeiten, verwenden als sogenannte Wirtsorganismen keine tierischen, sondern pflanzliche ______________ (z. B. Tabak- und Kartoffelpflanzen).

3. Während das Beispiel (1) aus dem Bereich der unbelebten Natur stammt, betreffen die Beispiele (2) bis (4) die belebte Natur, zu der wir Menschen ja auch gehören. Nun könnte man in rein fachlicher Sicht die in den Beispielen dargestellten und weitere Errungenschaften durch Gentechnik vorbehaltlos begrüßen, wenn diese Technik nicht auch sehr grundsätzliche Fragen aufwerfen würde.

   a) Welche grundsätzlichen Probleme sind mit der Gentechnik verbunden?

   ____

   ____

   ____

   b) Auf welchen anderen Anwendungsgebieten wird nach Ihrer Kenntnis die Diskussion um die Gentechnik geführt?

   ____

   ____

   c) Nehmen Sie aus Ihrer Sicht Stellung zum Thema Gentechnik.

   ____

   ____

   ____

   ____

   ____

11.4 „Naturtextilien“

Name:

Klasse: Datum:

Wachsendes Umweltbewusstsein, eine neue Offenheit für „Natur“, „Bio“, „Öko“ u. Ä., die Aufklärung über Schadstoffe in unseren Gebrauchsgütern – auch Textilien – sind einige der Ursachen, die den Marktbereich der „**Naturtextilien**“ haben entstehen lassen.

1. Welche beiden Hauptmerkmale charakterisieren sogenannte „Naturtextilien“?

   a) ______________________________

   b) ______________________________

2. „Naturtextilien“ werden in der Regel durch Labels als solche gekennzeichnet. Wann ist aber diese Kennzeichnung nur glaubwürdig?

   ____

   ____

3. Der „Internationale Verband der Naturtextilwirtschaft e. V. (IVN)“ mit Sitz in Stuttgart ist die führende Interessenvertretung der Unternehmen für Naturtextilien.

   Auf seiner Homepage sagt der Verband von sich selbst. „Bewusstsein zu schaffen für Ökologie, soziale Verantwortung, Gesundheit und Qualität ist das Ziel des IVN. Durch ganzheitliche Richtlinien, die sich mit diesen Aspekten befassen, und ein entsprechendes Kennzeichungssystem will der Verband aufklären, ökologische Qualität sicherstellen und den Gebrauch von Naturwaren im Textil- und Lederbereich vorantreiben.“

   Verbandslogo des IVN

   a) Welches Arbeitsziel hat der IVN?

   ____

   ____

   b) Mit welchen Mitteln will der IVN dieses Ziel erreichen?

   ____

   ____

4. Die vom Internationalen Verband der Naturtextilwirtschaft geschaffenen Qualitätszeichen werden nach Zertifizierung (Prüfung) an Antrag stellende Unternehmen vergeben, wenn sie alle Qualitätsrichtlinien erfüllen. Die Qualitätszeichen des IVN:

Naturleder IVN zertifiziert

Naturtextil IVN zertifiziert BEST

GOTS Global Organic Textile Standard

11.4 „Naturtextilien“

Name:	
Klasse:	Datum:

Gehen Sie auf die Homepage des IVN (www.naturtextil.com) und beantworten Sie folgende Fragen:

a) Wie reagiert der IVN darauf, dass der Begriff „Naturtextil" nicht gesetzlich geschützt ist? *(> Profil > Der Verband > Ziele und Aufgaben)*

____

____

b) Was garantiert das IVN Qualitätszeichen „Naturtextil" generell? (> Profil > Qualitätszeichen)

____

____

____

c) Was garantiert das internationale (IVN-)Qualitätszeichen *„GOTS" generell? (> Profil > Qualitätszeichen)*

____

____

5. Die so genannten „Naturtextilien“, ob mit oder ohne Gütezeichen, stellen nur einen – eher kleinen –Teil des Textilmarktes dar. Allein wegen des unzureichenden Naturfaseraufkommens kann ihr Anteil nur begrenzt sein. Daher umfassen erfolgreiche Bemühungen zu *Umweltfreundlichkeit und Gesundheitsverträglichkeit* **alle Arten** von Textilien, auch solche aus Chemiefasern. Neben umwelt- und gesundheitsfreundlichen Naturfasertextilien stehen daher auch schadstoffunbedenkliche Chemiefasertextilien.

   Ergänzen Sie den Satz: Es muss bei __________ Textilien sichergestellt werden, dass sie keine __________________ enthalten.

11.5 Ökologie und Textilveredlung

Name:	
Klasse:	Datum:

Textile Fäden und Stoffe für ihre Aufgaben zu optimieren ist zunehmend eine Aufgabe der Textilveredlung geworden. Da dies mit großem Einsatz an *Chemikalien, Wasser* und *Energie* sowie mit erheblicher *Entsorgungsproblematik* verbunden ist, kommt der Textilveredlung eine besondere ökologische Verantwortung zu.

Das Beispiel „Blue Denim" und „Jeans-Bekleidung" zeigt die ganze Breite der ökologischen Problemlage der Textilveredlung. Es zeigt aber auch, welche Mitverantwortung der „König Kunde" hat.
Weltweit werden jährlich etwa 3 Milliarden Jeans-Teile aus Blue Denim hergestellt. Ihr beliebter, lässiger „Used Look" („Gebraucht-Look" = gealtertes Aussehen der Neuware) wird dadurch erreicht, dass die Stoffe oder die konfektionierten Waren gewaschen werden. Die **Jeans-Wäsche** hat zwei Ziele:

- *bewusste und gezielte Faserschädigung,*
- *vorzeitige Alterung des Materials*, beides aus optischen Gründen.

Bereits hierin wird die ökologische Fragwürdigkeit erkennbar. Sie wird durch das angewandte Verfahren der **Indigo-Färbung** und das Verfahren, wie die Jeans-Wäsche durchgeführt wird, mehr oder weniger verstärkt.

Indigo-Färbung
Wird der Blaufarbstoff Indigo nach dem hohen europäischen Qualitätsstandard angewendet, ist er ökologisch weniger bedenklich, aber teuer. Preiswerteres Indigo, vor allem aus Asien, ist hinsichtlich Substanz und Färbung ökologisch kritisch zu betrachten.
Ein deutscher Indigo-Hersteller hat einen vorbehandelten Farbstoff entwickelt, der in seiner Anwendung besondere ökologische Vorteile und zudem reibechte Färbung bringt. Derzeit ist ein elektrochemisches Indigo-Färbeverfahren in der Erprobung, das als noch umweltschonender bewertet wird.
Der heute überwiegend verwendete Indigo-Farbstoff wird synthetisch erzeugt. Inzwischen ist es Gentechnikern gelungen, den Farbstoff von besonderen Bakterien erzeugen zu lassen. Auch die Entwicklung dieses Bio-Indigos ist noch im Versuchsstadium.

Jeans-Wäsche
Sie erzeugt den „Gebraucht-Look" von Jeans. Mehr als zehn Verfahren sind in Anwendung mit Bewertungen von waren- und umweltschonend bis extrem faserschädigend und umweltbelastend.
Dem Waren- und Umweltschutz kommt dabei *„Dark-Denim"* (dunkle Ware) am ehesten entgegen. Er wird mit dem Waschverfahren *„Millwash"* erzielt, bei dem der Denim nur mit Enzymen entschlichtet, dann mit Waschmitteln gewaschen und kalt gespült wird.
Aggressiver ist das *„Stonewash-Verfahren"*, das eine unterschiedlich aufgehellte Optik ergibt. Hier wird die Ware zusammen mit Bimssteinen gewaschen, die mit ihren scharfen Kanten die Faseroberflächen schädigen. Hinzu kommt, dass Bimsstein ein begrenzter Rohstoff ist. Einen Fortschritt stellt dabei das Recycling der Bimssteine und ihre Weiterverwertung im Baugewerbe dar.

Jeans-Wäsche

Besonders aggressiv und umweltbelastend ist die Jeans-Wäsche, wenn sie mit starken Bleichmitteln und zusätzlicher mechanischer Faserschädigung (im Extremfall durch Beschuss mit Schrotkugeln – ergibt *„Destroyed Look"*) erfolgt. Auch der Wasser- und Energieverbrauch ist durch eine größere Zahl von Waschgängen sehr hoch.
Das größte Problem stellt die Abwasserklärung und -entsorgung dar. Bezeichnenderweise findet in Deutschland kaum noch Jeans-Wäsche statt. Das Problem wird offenbar ins weltweite Ausland (Nordafrika, Asien usw.) exportiert, wo vielfach geringere oder keine Umweltauflagen zu beachten sind. Einige Jeans-Hersteller fordern allerdings von ihren Wäschereien die Einhaltung bestimmter Entsorgungs- und Sozialstandards. Übrigens gibt es auch garantierte **Öko-Jeans** auf dem Markt, bei denen (bei doppeltem Preis) von der Bio-Baumwolle bis zur Jeans-Wäsche ein hohes Maß an Umweltverträglichkeit verwirklicht ist.

11.5 Ökologie und Textilveredlung

Name:	
Klasse:	Datum:

1. Worin liegt die ökologische Problematik der Textilveredlung?

____

____

2. Was veranlasst die Textilveredlungsindustrie z. B. den „Used Look" bei Jeans zu schaffen, bis hin zu extremen Formen?

____

3. a) Welche beiden Ziele hat die Jeans-Wäsche zur Schaffung des „Used Look"?

   - ______________________________
   - ______________________________

   b) Welche Kritik aus ökologischer Sicht ist hier angebracht?

   ____

   ____

4. Welche Unterschiede hinsichtlich des Blaufarbstoffs Indigo gibt es in ökologischer Hinsicht?

____

____

____

____

5. Notieren Sie drei Bemühungen, die Indigo-Färbung von Blue Denim umweltverträglicher zu gestalten.

   a) ______________________________

   ____

   b) ______________________________

   ____

   c) ______________________________

11.5 Ökologie und Textilveredlung

Name:		
Klasse:	Datum:	

6. Wodurch wird Jeans-Wäsche besonders bedenklich?

   a) ______________________________

   b) ______________________________

   c) ______________________________

   ____

7. Durch welches Nachfrageverhalten bei Blue-Denim-Artikeln könnte der Verbraucher eine umweltschonende Jeans-Wäsche fördern?

   a) ______________________________

   b) ______________________________

Öko-Jeans von manomama

8. Fertigen Sie ein Referat zum Thema *„Die Umweltproblematik der Textilveredlung“* an. Verwenden Sie dabei auch Informationsmaterial unter www.bfr.bund.de > *Produktsicherheit* > Textilien.

11.6 Öko-Labeling

Name:

Klasse: Datum:

1. Es gibt keine allgemein verbindlichen Vorschriften für die Kennzeichnung ökologischer Merkmale (Öko-Labeling) von Textilien. Schlagwort-Bezeichnungen, wie „Öko", „Bio", „Natur", die vieles oder wenig bedeuten können, werden frei verwendet, wenn der Hersteller glaubt, ökologische Eigenschaften von Textilwaren durch eine besondere Kennzeichnung hervorheben zu wollen.

   Welche Fragen entstehen damit für die Öko-Kennzeichnung von Textilien?

   a) ____________________

   b) ____________________

2. Öko-Kennzeichnung von Textilien hat für den Verbraucher nur dann einen wirklichen Wert, wenn bekannt ist, *welche Qualitätsmerkmale zugesichert werden* und ob man sich auf die Zusicherung auch *verlassen* kann.

   Dies führt zu zwei Forderungen für Öko-Labeling bei Textilien:

   a) Die ____________________ müssen öffentlich bekannt sein.

   b) Das Vorhandensein der zugesicherten Qualitätsmerkmale muss durch ____________ Kontrollen garantiert sein.

3. Inhaber von Öko-Labels sind vor allem *Unternehmen*, *Fachverbände* und *Prüfinstitute*. Die Verlässlichkeit ihres Labels erreichen Unternehmen und Fachverbände dadurch, dass sie **unabhängige** Prüfinstitute mit der Überwachung ihrer Qualitätskriterien beauftragen. Prüfinstitute, die selbst Inhaber eines Labels sind, sollten völlig unabhängig von Auftraggebern und **neutral** sein.

   Welche Eigenschaft sollte ein Prüfinstitut auf jeden Fall haben, wenn es die Einhaltung der Qualitätsmerkmale von Öko-Labels zu kontrollieren oder zu garantieren hat?

   ____

4. Öko-Labels können die verschiedensten ökologischen Aussagen enthalten. Sie können sich u. a. auf das *Fasermaterial* oder die *Ausrüstung* oder die *Herstellung* beziehen und beschränken.

   a) Ein ziemlich umfassendes Öko-Label für Naturfasertextilien ist hier abgebildet.

      Wie heißt es? ____________________

      Wer vergibt es? ____________________

      ____

      Was garantiert es außer der Herstellung aus Naturfasern?

      ____

      ____

11.6 Öko-Labeling

Name:

Klasse: Datum:

b) Das nebenstehend abgebildete Öko-Label bezieht sich – unabhängig von der Art des Faserrohstoffs – schwerpunktmäßig auf den humanökologischen Aspekt: Es garantiert vor allem, dass in der betreffenden Textilie keine Stoffe in den Menschen schädigender Konzentration enthalten sind (auch solche Stoffe nicht, von denen eine schädigende Wirkung nur vermutet wird).

TEXTILES VERTRAUEN
Geprüft auf Schadstoffe
nach Oeko-Tex® Standard 100
00000000 Institut

Das Zeichen hat als Öko-Label weltweit die größte Bedeutung erlangt. Sein Träger ist eine Gemeinschaft unabhängiger europäischer Prüfinstitute.

- **Wie heißt das Öko-Label?**

___

- **Was legt OEKO-TEX® Standard 100 prinzipiell fest?**

___

___

___

5. **Bekleidungsartikel**

Fasermaterial — Öko-Label

- **Baumwolle** (aus herkömmlichem Anbau)
- **Lyocell**

\+ TEXTILES VERTRAUEN
Geprüft auf Schadstoffe
nach Oeko-Tex® Standard 100
00000000 Institut

a) Welche Kombination würden Sie aus ökologischen Gründen bevorzugen?

___

b) Begründen Sie Ihre Entscheidung.

___

___

___

___

6. Fertigen Sie ein Referat oder eine PowerPoint-Präsentation zum Thema „*OEKO-TEX® Standard 100*" an. Nutzen Sie dafür auch die Informationen zu diesem Thema unter www.hohenstein.de > *Zertifizieren > OEKO-Tex.*

11.7 Produktionsökologie

Name:

Klasse: Datum:

1. Nennen Sie die drei Teilbereiche der Textilökologie.

   a) ______________________________

   b) ______________________________

   c) ______________________________

2. Ergänzen Sie: Während sich die Humanökologie mit der Vermeidung von ______________ in Textilien beschäftigt, geht es in der Produktionsökologie um ______________ Gewinnung und Herstellungsverfahren für Fasern, Fäden, Textilflächen und textile Fertigwaren (z. B. Bekleidung). Eingeschlossen ist auch das Bemühen, die Gesundheit der ______________ im Produktionsprozess zu schonen.

3. Ergänzen Sie: Umweltfreundliche Produktion bedeutet vor allem

   - **______________ der Luft, des ______________ und des ______________**
   - **Sparsamer Verbrauch an ______________ und ______________**
   - **Chemikalieneinsatz ______________ wie möglich**
   - **Rohstoffe und Abfall ______________**
   - **Lärm ______________**
   - **Verpackungen ______________ einsetzen**
   - **Für die Beschäftigten menschengerechte ______________ bedingungen**

4. Unternehmen bzw. Betriebe, die ihre produktionsökologische Verantwortung wahrnehmen, können ihre Ziele und Leistungen auf diesem Gebiet *überprüfen* und *öffentlich dokumentieren lassen*, wenn sie an ökologischen Prüf- und Zertifizierungs-(Bescheinigungs-)Verfahren teilnehmen. Die wichtigsten sind:

   - Das **Prüf- und Zertifizierungsverfahren STeP (von OEKO-TEX)**,

   - die **ISO-Normenreihe** 14000,
   - das **Öko-Audit-System** (der EU).

11.7 Produktionsökologie

Name:	
Klasse:	Datum:

a) Weshalb unterziehen sich Unternehmen bzw. Betriebe produktionsökologischen Prüf- und Zertifizierungs-Verfahren?

____

____

b) Welche Vorteile haben die Unternehmen bzw. Betriebe von solchen Prüf- und Zertifizierungsverfahren?

- **Es zeigt den Unternehmen/Betrieben, wie sie sich noch ____________________ können.**
- **Die Unternehmen/Betriebe können ihre Bemühungen nach außen hin verbreiten und so für sich ____________.**

5. Gehen Sie unter www.hohenstein.de > *Zertifizieren* > *OEKO-TEX®* ins Internet und beantworten Sie mit den dort vorzufindenden Informationen die folgende Frage:

   Welche Ziele hat das Prüf- und Zertifizierungsverfahren STeP von OEKO-TEX®?

   ____

   ____

   ____

11.8 Umweltmanagement

Name:

Klasse: Datum:

1. Das Management (die Leitung) eines Unternehmens oder Betriebes muss *planmäßig, zielgerichtet* und *systematisch* geschehen, wenn sich Erfolg einstellen soll. Dies gilt auch für Teilaufgaben, wie etwa die ökologische Ausrichtung des Unternehmens.
Da Umweltprobleme während der Planung und Produktion an vielen Stellen auftauchen, braucht man zur Bewältigung der ökologischen Aufgaben

   - **ein betriebliches Konzept** und
   - **fähige betriebliche Stellen**, die eigens mit diesen Aufgaben betraut sind.

   Ist dies der Fall, kann man vom **Umweltmanagement-System** eines Unternehmens oder Betriebes sprechen.

   a) Welche Bedingungen müssen vorliegen, wenn ein Unternehmen oder ein Betrieb seine ökologische Ausrichtung ernsthaft betreiben will?

   ____

   ____

   ____

   b) Über was verfügt ein Unternehmen oder ein Betrieb, wenn diese Voraussetzungen für ökologische Ausrichtung geschaffen sind?

   ____

   ____

2. Erfolgreiches Umweltmanagement eines Betriebes geht in drei Schritten vor. Ergänzen Sie:

   1. Schritt: Feststellen der betrieblichen ______________, die die Umwelt schädigen können (Istzustand)

   2. Schritt: Ziele angeben und Maßnahmen treffen, um ______________ Einflüsse zu vermeiden

   3. Schritt: Kontrollinstrumente anwenden, um festzustellen, ob die gesetzten __________ auch erreicht wurden, und aus festgestellten Fehlern zu __________

3. Nennen Sie Beispiele für Kontrollinstrumente zur Überprüfung der ökologischen Ausrichtung eines Betriebes.

   a) ______________________________

   b) ______________________________

   c) ______________________________

   d) ______________________________

4. Ein Arbeitsinstrument für das betriebliche Umweltmanagement ist die **Öko-Bilanz**.
   a) Was wird mithilfe der Öko-Bilanz ermittelt?

   ____

   ____

11.8 Umweltmanagement

Name:	
Klasse:	Datum:

b) Was wird konkret in einer Öko-Bilanz verglichen?

____

____

____

____

c) Was kann eine Öko-Bilanz leisten?

- ____
  ____
- ____
  ____
- ____
  ____

4. Setzen Sie in das folgende vereinfachte Schema einer Öko-Bilanz die fehlenden Begriffe ein.

____
(dazu Verpackung und Transport)

____
Werkstoffe
Hilfsstoffe
Betriebsmittel
Wasser
Verpackungen
usw.

____
Elektrischer Strom
Gas, Öl, Kohle
Druckluft, Dampf
Kraftstoffe
Fernwärme
usw.

____
Werkstoffreste
Abwasser
Verpackungen
usw.

____
Verlustwärme
Licht
Abluft
Lärm
usw.

Öko-Bilanz

Eingabe | Ausgabe

11.9 Entsorgungsökologie

Name:

Klasse: Datum:

1. Wozu verpflichtet das Kreislaufwirtschaft- und Abfallgesetz bereits die Entwickler und Hersteller einer Ware, also auch die von Textil- und Bekleidungsprodukten?

   a) ______________________________

   ____

   b) ______________________________

   ____

2. Ergänzen Sie das folgende Schema zur Systematik der Entsorgung durch Einschreiben der fehlenden Begriffe:

Entsorgung

Abfall-______________

- **Kompostieren von Naturtextilien** (zur Gewinnung von Komposterde)
- **Deponieren** (Ablagern)

Abfall-______________

- **Energetische** (thermische) **Verwertung** = ______________ zur ______________
- **Stoffliche Verwertung** = ______________

___________-Recycling	___________-Recycling	___________-Recycling
Wieder- und Weiterverwendung des Produktes (z. B. des Bekleidungsartikels)	Wieder- und Weiterverwendung der Werkstoffe des Produktes (z. B. der Textilflächen und der Fasern)	Wiedergewinnung der Rohstoffe des Produktes (z. B. der synthetischen Fasersubstanz)

3. Nach europäischem und deutschem Recht wird Altkleidung als „Abfall" eingestuft.

   a) Inwiefern ist die Anwendung des Begriffes „Abfall" hier problematisch?

   ____

   ____

   ____

   ____

   b) Worin würde also die umweltschonendste Altkleider-Entsorgung bestehen?

   ____

Altkleidung nach ihrer Aufbereitung im Lager eines Entsorgungsfachbetriebes (Fotos: Fachverband Textil Recycling e. V.)

11.9 Entsorgungsökologie

Name:

Klasse: Datum:

4. Das derzeitige jährliche Altkleider-Aufkommen in der Bundesrepublik Deutschland beträgt (Zirka-Werte):

Altkleiderentsorgung	Tonnen	Prozent
Produktrecycling	290 000	
Weiterverarbeitung zu Putzlappen	108 000	
Reißfasergewinnung	135 000	
Entsorgung über Haus- und Gewerbemüll (Deponieren/Verbrennen)	337 000	
Insgesamt	870 000	100

Altkleidersortierung im Entsorgungsfachbetrieb (Foto: Fachverband Textilrecycling e. V.)

a) Errechnen Sie die zugehörigen Prozentsätze.
b) Gestalten Sie mit den Werten der obigen Tabelle das folgende Schaubild weiter aus.

Die jährliche Altkleiderentsorgung in der Bundesrepublik Deutschland

5. Wie ist das Recycling von Alt-Textilien in Deutschland organisiert?

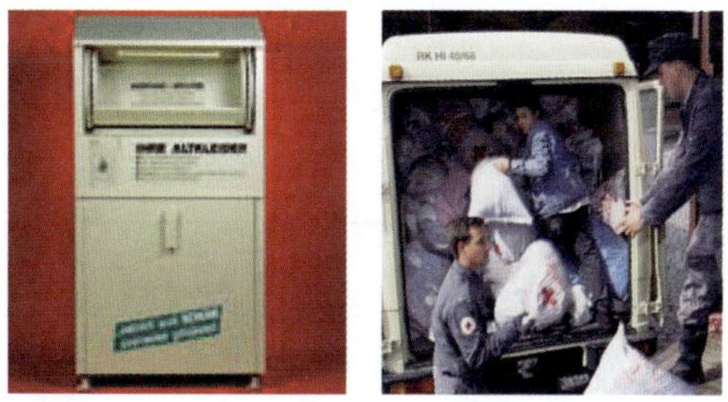

Fotos: Fachverband Textilrecycling e. V.

6. a) Geben Sie an, wie noch tragbare Altkleidung nach ***Aufbereitung*** (Säubern, Bügeln) wieder in Verwendung gebracht wird.

-
-
-

11.9 Entsorgungsökologie

Name:	
Klasse:	Datum:

- ______________________________

  ____

b) Noch tragbare Altkleidung kann auch nach ***Aufarbeitung*** (Umgestaltung) wiederverwendet werden. In welcher Weise kann eine Aufarbeitung erfolgen?

- ______________________________
- ______________________________

c) Wird Kleidung *umgestaltet, umgearbeitet* oder aus *Stoffstreifen bzw. -stücken zusammengefügt* („Patchwork"), spricht man von ____________________ oder ____________________.

Geben Sie zwei Möglichkeiten (mit praktischen Beispielen) der ***Umarbeitung*** von Altkleidung an.

- ______________________________

  ____
- ______________________________

Notieren Sie Beispiele dafür, dass aus **Nicht**kleidung Kleidung gefertigt wird:

____

____

7. Ein Schwerpunkt ökologischer Bekleidungsfertigung ist das *„sortenreine Produkt"*.

a) Was versteht man darunter?

____

____

Foto: ECOLOG Recycling

b) Welche Bedeutung haben „sortenreine Produkte" für das Recycling?

____

____

8.

Up-Cycling: Es entsteht ein Produkt, das mit dem Ausgangsprodukt in seiner Qualität vergleichbar ist.

Beispiel: ______________________________

____

____

Down-Cycling: Es entsteht ein geringerwertiges Produkt als das Ausgangsprodukt.

Beispiel: ______________________________

____

____

11.9 Entsorgungsökologie

Name:	
Klasse:	Datum:

9. Ein Teilbereich des Werkstoff-Recyclings ist das Faser-Recycling. Geben Sie das jeweilige Recycling-Produkt an:

Faser-Recycling

- **Physikalisches Recycling** → ____________________
- **Biologisches Recycling** → ____________________

10. Ergänzen Sie: Beim Rohstoff-Recycling werden ____________ Textilrohstoffe oder ihre Bestandteile durch ____________ Behandlung (chemisches Recycling) oder durch ____________ (thermisches Recycling) wiedergewonnen. Up-Cycling beim Rohstoff-Recycling führt zu ____________________, Down-Cycling zu geringerwertigen Produkten, z. B. ____________________.

11. Ermitteln Sie unter www.fessner.de > *Unternehmen* Angaben zum Textilverbrauch und Textilrecycling:

____

____

____

____

____

____

12. Aus Kreisen der Textilrecycling-Wirtschaft wird berichtet, dass die Qualität von Altkleidung immer geringer wird. Die Zahl der gesammelten, weiter tragbaren oder verwendbaren Artikel ist stetig abgesunken, während der Anteil der Textilien für das Down-Cycling angewachsen ist. In früheren Jahren war das Verhältnis beider Recycling-Bereiche noch etwa ausgewogen. Heute liegt das Aufkommen der bei Straßen- oder Containersammlungen erzielbaren noch brauchbarer Bekleidung und Textilien bei weniger als 70 % des gesamten Sammelergebnisses.

    a) Welches Verhalten der Menschen führte sehr wahrscheinlich zu dieser Situation?

    ____

    b) Welche mögliche Ursache hat dieses Verhalten?

    ____

13. Fertigen Sie ein Referat zum Thema *„Sammeln und Exportieren von Altkleidern"* an.
    Dazu: www.fachverband-textil-recycling.de > *Wie geht das*?.

14. Gestalten Sie eine PowerPoint-Präsentation zum Thema *„Wie funktioniert das gewerbliche Textil-Recycling?"* Dazu: www.fachverband-textil-recycling.de > *Wir über uns*.